W0237631

Radtouren am Wasser
Mainfranken & Fränkische Schweiz

Radwegallee
zum Kloster Banz

Christoph Gocke

Radtouren am Wasser
MAINFRANKEN
& FRÄNKISCHE SCHWEIZ

30 Touren entlang von Main,
Tauber und Regnitz

BRUCKMANN

↑ Mainradweg bei Bürgstädt
↓ Schloss Johannisburg in Aschaffenburg
→ Wallfahrtsbasilika von Walldürn

INHALT

DIE TOUREN

Main(stream)-Touren

Kleine Zuflüsse

Große Zuflüsse

Mainfränkische Highlights

↑ Baumwipfelpfad im Steigerwald
→ Hiltpoltsteiner Tor in Gräfenberg

Fränkische Schweiz

Zeile des Frankenlieds
am Spitalhaus in Bad Staffelstein

Main & more!

KEIN ZWEIFEL: Am Main kann man genial radeln. Das gilt auch für seine Umgebung. Nebenflüsse wie Tauber, Sinn, Fränkische Saale und Wern sind gesäumt von fantastischen Radwegen. Kleinere Täler sind Geheimtipps abseits des populären Main-Streams. Sanfte Genussrouten ziehen sich durch spektakuläre Bergregionen wie Odenwald, Spessart, Steigerwald und Fränkische Schweiz. Eine ideale Kombination aus Topstrecken am Main und romantischen Touren in Seitentälern.

Die Routen vereinen Weinfranken mit Bierfranken. Es geht durch den Gottesgarten, zur Mainschleife und in die Fränkische Toskana. Schlösser von Weltruhm warten in Mespelbrunn, Weikersheim und Pommersfelden. Fränkische Metropolen wie Würzburg, Bamberg, Erlangen und Bayreuth. Wir kommen ins Herz fränkischer Tradition nach Volkach, Sommerhausen, Iphofen und Gößweinstein. Auf dem Sattel erleben wir locker Weltkultur- und Weltnaturerbe.

Burgen und Barock, Fachwerk und Fürstbischöfe, Regnitz und Pegnitz: Franken bedeutet Vielseitigkeit. Wir radeln über Unter- und Oberfranken hinaus nach Mittelfranken, Tauberfranken und Hessen. Fast alle Start- und Zielpunkte sind bequem mit der Bahn zu erreichen. Parkplätze gibt es an jeder Strecke. Freibäder, Badeseen und manche Flusspassage bieten Erfrischung direkt am Weg. Hochseilgärten, Minigolf und Wanderungen können den Aktivurlaub abrunden.

Wirtshäuser sind in dieser Gegend sprichwörtlich. Auch sie lassen Radlerherzen Sprünge machen. Von edlen, sonnenverwöhnten Weinlagen in der Mainschleife bis zur Biermetropole Kulmbach: Ein Bier, ein gutes Glas Wein oder gleich der Bocksbeutel sind am Wegesrand schnell zur Hand. Natur und Kultur fließen zusammen.

Wer hier ein Wochenende oder mehr verbringt, wird zahlreiche Anregungen finden. Wer hier leben darf, wird neu inspiriert durch die Heimat rollen.

Christoph Gocke

Willkommen in Mainfranken und der Fränkischen Schweiz

Zwischen Aschaffenburg und Bayreuth wartet am Main und seinen Zuflüssen eine Vielzahl attraktiver Radrouten mit einem Überfluss an Natur-, Kultur- und Gastronomieattraktionen.

Weinfranken & Bierfranken

Mainfranken ist traditionsreiches Weinland. Trockener Silvaner ist der Klassiker, daneben haben Müller-Thurgau einen Anteil von einem Viertel und Rotwein von einem Fünftel des abgefüllten Weins. Oberfranken wirbt mit der weltweit höchsten Brauereidichte. Neuerdings kommen kleine, exquisite Privatbrauereien mit originellen Bieren dazu. Wein- und Biergärten säumen allenthalben den Weg. Wer ganz sicher zum Ziel radeln möchte, kann auf halber Strecke vielfach auch alkoholfreie Varianten wählen.

30

Touren und (noch mehr) Flüsse

Die Zahl der großen und kleinen Mainzuflüsse, an denen diese Routen entlangführen, übersteigt die Zahl der Touren:
Von Aisch bis Wiesent, mit Ebrach, Fränkischer Saale, Kahl, Regnitz, Pegnitz, Sinn, Tauber …

»Markt«

Vielen Ortsnamen ist als bayerische Besonderheit der Markt vorangestellt. Dieser Beiname geht auf die meist weit zurückliegende Verleihung des Marktrechts an mittelgroße Orte zurück. Von daher radeln wir dort häufig durch sehr schöne, gewachsene, traditionsreiche Orte.

Mainfranken

Im engeren Sinn ist es die Region am Main rund um Würzburg. Als Radregion bezeichnet es hier das Maintal zwischen Aschaffenburg und Bamberg sowie die angrenzenden Höhenzüge.

Fränkische Schweiz

Der Name taucht in der Zeit der Romantik mit dem aufkommenden Fremdenverkehr für das Gebirge jenseits von Bamberg rund um das Wiesenttal auf. Zuvor wurde die Gegend Muggendorfer Gebürg genannt.

900 km

Fränkischer Marienweg

Der Pilgerweg ist ein Netz von Fernwanderwegen, das vielfach als Radweg genutzt werden kann. Er verbindet 87 Wallfahrtsorte der Bistümer Würzburg und Bamberg, die überwiegend Maria gewidmet sind. Maria wird als Herzogin von Franken verehrt. So kreuzen wir immer wieder fränkische Frömmigkeit.

Noch mehr Radrouten

Der 2-Franken-Radweg (101 km) führt von Würzburg über Ebrach nach Bamberg. Der Radweg vom Main zur Zenn (100 km) verbindet Kitzingen mit Nürnberg und führt über den Steigerwald. Die Brauereien- und Bierkellertour (236 km) durchquert Steigerwald und Fränkische Schweiz. Die Fürstbischöfliche Tour (203 km) mit stilisierter Mitra ist eine Rundtour von Bamberg aus. Casanovas Ausritt (192 km) deckt die östliche Fränkische Schweiz ab. Die Radrunde Oberfranken (552 km) zieht einen noch größeren Kreis.

Bocksbeutel

Das Markenzeichen des fränkischen Weins kommt seit 2015 in neuem Design daher. Vor allem hochwertige Weine werden darin abgefüllt.

Frängisch

Die hier gesprochenen sympathischen Dialekte gehören überwiegend genau genommen zum Ostfränkischen.

Bruckmann-Tourenfinder

Für jeden Tag die richtige Tour

			km	Hm	Std.							
1	Von Miltenberg nach Wertheim	🔵	36	50	3.30	✓	✓	✓	✓		✓	✓
2	Maintour bei Sommerhausen	🔵	22	40	2.00	✓	✓	✓	✓		✓	✓
3	Mainschleife bei Volkach	🔵	26	100	2.30	✓	✓	✓	✓		✓	(✓)
4	Am Krumbach nach Königsberg	🔴	33	170	3.30	✓		✓	✓		✓	✓
5	Am Mainbogen von Aschaffenburg	🔵	27	50	2.30	✓	✓	✓	✓		✓	✓
6	Höhepunkte im Gottesgarten	🔴	18	310	3.00	✓		✓	✓		✓	✓
7	In den östlichen Haßbergen	🔴	35	160	3.30	✓	✓	✓	✓		✓	✓
8	Die Elsava und Schloss Mespelbrunn	🔵	22	200	3.00	✓	✓	✓		✓	✓	(✓)
9	Durch den Odenwald zum Main	🔵	28	60	2.30	✓	✓	✓	✓		✓	✓
10	In der Fränkischen Toskana	🔴	30	230	3.30	✓		✓			✓	✓
11	Im idyllischen Lautergrund	🔴	29	160	3.00	✓		✓	✓		✓	✓
12	Vom Kahltal über den Spessart	⚫	46	500	6.30	✓		✓		✓	✓	✓
13	Im lieblichen Taubertal	🔴	40	350	5.00	✓	✓	✓	✓		✓	✓

			km	Hm	Std.	Einkehr (Besteck)	Kinder (Gesicht)	Kultur (Gebäude)	Sonne	Natur (Baum)	Baden	Bus
14	Auf dem Sinngrund zum Main	🔵	31	110	3.00	✓	✓	✓	✓		✓	✓
15	Im Tal der Fränkischen Saale	🔵	29	110	3.00	✓	✓	✓	✓		✓	✓
16	Weindörfer im Werntal	🔵	46	200	5.00	✓	✓	✓	✓		✓	✓
17	Durch den Aischgrund	🔵	40	60	3.30	✓	✓	✓	✓		✓	✓
18	Im Ehegrund zur Aisch	🔵	25	70	2.30	✓	✓	✓	✓		✓	✓
19	Kirchenburgen im Weinparadies	🔴	35	320	4.30	✓		✓	✓		✓	✓
20	Am Westrand des Steigerwalds	🔴	44	280	5.00	✓	✓	✓	✓		✓	(✓)
21	Im Tal der Reichen Ebrach	🔵	36	100	3.30	✓	✓	✓	✓		✓	✓
22	Mittlere und Rauhe Ebrach	🔵	40	40	3.30	✓	✓	✓	✓		✓	✓
23	Von Weikersheim nach Ochsenfurt	🔵	39	120	4.00	✓	✓	✓	✓		✓	✓
24	Im Südwesten von Bamberg	🔵	31	120	3.00	✓		✓			✓	✓
25	An der Schwabach nach Erlangen	🔵	27	70	2.30	✓		✓	✓		✓	✓
26	Vom Main-Donau-Kanal zur Wiesent	🔵	34	70	3.00	✓	✓	✓	✓		✓	✓
27	Im Herzen der Fränkischen Schweiz	🔴	34	360	4.30	✓		✓		✓	✓	✓
28	Die Weismain entlang	🔴	33	150	3.30	✓	✓	✓			✓	✓
29	Zur Rotmainquelle	🔴	31	290	4.00	✓	✓	✓	✓		✓	✓
30	Von Bayreuth nach Kulmbach	🔵	36	100	3.30	✓	✓	✓		✓	✓	✓

Am Salzmarkt
von Königsberg in Bayern

INFO

PIKTOGRAMME ERLEICHTERN DEN ÜBERBLICK

Länge | Höhenunterschied | Fahrzeit

Einkehr | viel Sonne | ÖPNV

kindergeeignet | schattiger Weg

Sehenswürdigkeit | Baden

ANFORDERUNGEN

● LEICHT

Technisch einfache Radtour auf gut ausgeschilderten und befestigten Wegen, die außerdem durch ihre kurze Wegstrecke schnell und leicht zu befahren sind. Hierbei handelt es sich oft um Strecken, die vor allen Dingen von trainierten Radlern auch als Halbtagestour in Angriff genommen werden können.

● MITTEL

Touren, die durch einzelne Abschnitte oder Begebenheiten nicht mehr als leicht eingestuft werden können, aber dennoch nicht schwer sind. Oft handelt es sich um kurze Bereiche, bei denen die etwas schlechtere Wegbeschaffenheit kein müheloses Rollen ermöglicht. Außerdem sind hier auch schon mal kurze Abschnitte entlang von Straßen zu bewältigen oder der ein oder andere moderate Anstieg zu fahren. Die meisten Touren landeten jedoch in dieser Kategorie, weil sie mit mehr Kilometern auskommen.

● SCHWER

Anspruchsvollere Strecken, auf denen man sich schon alleine wegen der Länge mit Vorrat eindecken sollte. Bei den schweren Touren handelt es sich ausnahmslos um Ganztagestouren, die man nur mit entsprechender Kondition angehen sollte.

Schloss Hallburg
auf der Maininsel bei Volkach

WISSENSWERTES AUS DER REGION

Geschichte, Religiosität
und ganz praktische Tipps für die Radlogistik
in Franken

Franken war politisch komplett zersplittert, als es durch Napoleon und den Wiener Kongress zu Bayern geschlagen wurde. Im 19. Jahrhundert verstärkte sich dann die fränkische Identität. Die Einteilung in Unter- und Oberfranken sowie das südlich davon gelegene Mittelfranken schuf König Ludwig I. von Bayern in den Jahren 1837/38.

FRÄNKISCHE FRÖMMIGKEIT

Madonnen an Hauswanden, Bildstocke am Weg, Grotten in Gärten, Kapellchen in Feld und Wald tauchen an jedem Radweg auf. Die Allgegenwart pittoresker Volksfrömmigkeit erweckt den Eindruck religiös-kultureller Einheitlichkeit. Dabei fand der Protestantismus in Franken schnell Anhänger und konnte sich vielerorts auch gegen die Gegenreformation halten.

In zahlreichen Orten begegnet man Spuren jüdischen Lebens. Synagogen und Friedhöfe zeugen vom einst lebhaften fränkischen Landjudentum. Das verdankte seine Existenz auch Judenvertreibungen in Altbayern und einigen Reichsstädten. Heute bereichern Moscheen und andere Gotteshäuser das Spektrum religiöser Vielfalt. Sie alle sind kulturelle Zeitdokumente und für viele mehr als das.

ORIENTIERUNG UND TOURENPLANUNG

Jede Strecke ist dreifach beschrieben: in Textform, auf der Karte und per GPS-Daten, die zum Download bereitstehen. Jedes Tool für sich sollte ausreichen, den Weg zu finden, vor allem aber die Kombination von zweien oder dreien. Zusätzlich sind bei jeder Tour klassische gedruckte Radkarten angegeben, mit denen man auch Varianten planen kann. Eine eigene Rubrik zeigt, welche Tour an welche Tour anschließt.

Eine große Hilfe zur Tourenplanung ist das Bayernnetz für Radler. Per Homepage (radroutenplaner-bayern.de) oder App lassen sich Routen leicht legen, vergleichen, analysieren. Höhenprofil, Höhenmeter und detaillierte Aufschlüsselung der Wegbeschaffenheit sind eine grandiose Unterstützung.

RADMITNAHME IM NAHVERKEHR

Start und Ziel der Touren liegen fast ausschließlich an Bahnhöfen. Die Fahrradmitnahme ist in Regionalzügen weitgehend unkompliziert möglich, solange die Kapazitäten ausreichen.

↓ Bildstock am Kunigundenruhstein bei Bamberg
→ Radlernahrung am Wegesrand im Erdbeerhof

Schüler von Adam Riese
in Bad Staffelstein

Fachwerk-Eldorado
Königsberg in Bayern

Die Fahrradtarife sind dagegen sehr kompliziert. Sie können hier nur in Ansätzen dargestellt werden: In Nahverkehrszügen kann man das Rad mitnehmen mit einer Fahrradtageskarte der Deutschen Bahn für sechs Euro. Die Fahrradtageskarte Bayern zum gleichen Preis gilt zusätzlich im Nahverkehr der Verkehrsverbünde, also zum Beispiel in Straßenbahn und Bus. Bei diesem Ticket können beliebig viele eigene (Enkel-)Kinder unter 15 Jahren samt ihrer Räder mitfahren. Fahrräder bis 20 Zoll Reifengröße sind in Bayern sowieso kostenfrei dabei. Auf den Strecken der Westfrankenbahn – in diesem Buch relevant im Bereich Aschaffenburg bis Wertheim – ist der Radtransport ab 9 Uhr und am Wochenende komplett kostenlos.

Die Touren (süd-)östlich von Haßfurt liegen – bis auf Kulmbach als Ziel von Tour 30 – im Verkehrsverbund Großraum Nürnberg (VGN). Hier gilt das Einzelticket zum Kinderpreis als Fahrradkarte. Günstiger ist jedoch oftmals ein Tagesticket, bei dem das Fahrrad automatisch dabei ist. Am Wochenende gilt das Tagesticket sogar für beide Tage sowie mehrere Personen.

Manche Tickets können am Automaten billiger als am Schalter gekauft werden, im VGN zum Teil in der App billiger als am Automaten. Wie geschrieben: Es ist gar nicht so einfach.

Gute Fahrt!

Blick von der Mainbrücke
auf Miltenberg mit Jakobuskirche
und Mildenburg (Tour 1)

MAIN (STREAM)-TOUREN

Zum Einradeln: traumhafte Strecken an einem der beliebtesten Flussradwege Deutschlands

1

VON MILTENBERG NACH WERTHEIM

Am Main zwischen Spessart und Odenwald

Wälder und Weinberge, gesäumt von Burgen, Schlössern und Fachwerk: Von Miltenberg nach Wertheim schlängelt sich der Main zwischen Spessart und Odenwald durch Churfranken. Ein Juwel unter den Maintalstrecken am südlichen Rand des Mainvierecks.

MILTENBERG Vom Bahnhof fahren wir nach Süden und über die Mainbrücke mit grandiosem Panorama auf das pittoreske Städtchen. Rechts kann man über der Stadt die Mildenburg (um 1200) entdecken. Ausflugsschiffe liegen malerisch am Ufer unterhalb der letzten Odenwaldhügel. Das riesige Torhaus aus heimischem Buntsandstein (1893 bis 1899 erbaut) rahmt unsere Zufahrt auf die Stadt. Vor uns erhebt sich einer der neun Türme der Stadtbefestigung, in gerader Linie dahinter das neue Rathaus. Unsere Route führt nach links mainaufwärts. Wer die Stadt mit ihrem ansteigenden Marktplatz, den Fachwerkhäusern und Kirchen sehen will, lässt sich durch die Gassen treiben. Nach wenigen Metern auf dem Mainradweg sehen wir rechts einen Gründerzeitbau mit der Inschrift »Elektricitätswerk«.

BÜRGSTADT Wir werden am Hallenfreibad vorbei und über die Erf nach Bürgstadt geführt. Die bayerischen Gemeinden in diesem Mainabschnitt vermarkten sich neuerdings als Churfranken, was an die Zugehörigkeit dieses Teils von Unterfranken zum Kurfürstentum Mainz erinnern soll. So gehört das Mainzer Rad auch zum Ortswappen von Bürgstadt. Der Ort bietet eine sensationelle Radwegstation mit Schließfächern und Toilette. Von hier aus kann man zum historischen Rathaus (16. Jahrhundert), von dort links zur Kirche St. Margareta mit gotischem Portal und zur Martinskapelle aus dem 10. Jahrhundert, einer der ältesten Kirchen Frankens, gehen. Oberhalb des Orts liegen Weinberge, ebenso auf der gegenüberliegenden Seite im Spessart. Unser Weg führt in die Mainauen. Wälder und rote Sandsteinbrüche am anderen Ufer schaffen ein großartiges Panorama. Rechts liegt eine Produktionsstätte für Brauereianlagen, die über den Main verschifft werden. Es folgt ein Kieswerk, dann haben wir das grüne Tal für uns.

FREUDENBERG In den Wäldern am rechten Hang taucht die Ruine der Burg Frouwedenberch auf. Sie wurde 1190 bis 1200 von den Grafen von Wertheim erbaut und vielfach erweitert, bis sie Ende des 16. Jahrhunderts baufällig wurde. Ein Schild im Ort weist rechts zum sehenswerten Fachwerkrathaus. Wer zum Badesee möchte, bleibt auf dieser Seite, auf der es allerdings keinen durchgehenden Radweg bis Wertheim gibt. Der Radweg führt im Bogen auf die Mainbrücke, über die wir nach kurzer Stippvisite in Baden-Württemberg ins bayerische Kirschfurt kommen. Am Ortsrand erreichen wir die Schleuse Freudenberg. Wir kommen durch zwei weitere Orte, die mit Kirschfurt 1971 zur Stadt Collenberg vereint wurden: Reistenhausen und Fechenbach mit dem Schloss von 1754/55 direkt jenseits der eingleisigen Bahnstrecke. Der neue Stadtname geht auf die 1250 errichtete Collenburg zurück, deren Ruinen bald links auf der Höhe zu sehen sind.

DORF- UND STADTPROZELTEN In Dorfprozelten führt der Radweg um das Schiffsmuseum und einen Biergarten herum. Ober-

Die Mildenburg geht bis in die frühstaufische Zeit zurück.

Tipp

WERTHEIM VILLAGE

Das Outletcenter liegt zehn Kilometer östlich von Wertheim. Mit dem Bus ist man vom Bahnhof aus in einer knappen halben Stunde im Einkaufsparadies, das mit mehr als 100 Geschäften lockt.

halb liegen Weinberge. Der Ort war für seine Sandsteinhauer bekannt, die am Winterpalais von Sankt Petersburg, am Mainzer Dom und Berliner Reichstag arbeiteten. Über Stadtprozelten ragt die Ruine der Henneburg aus dem Wald hervor. Die staufische Höhenburg mit romanischen Mauerresten geht bis ins 12. Jahrhundert zurück. Der Blick von den Aussichtsplattformen der beiden Bergfriede ist grandios. Treppen führen alternativ zur Straße in etwa einer Viertelstunde hinauf.

FAULBACH Misteln bevölkern die Baumwipfel am Wegesrand. Der schlanke Betonkirchturm in Faulbach gehört zur Wallfahrtskirche Mariä Verkündigung von 1960/61 gegenüber der klassizistischen Alten Kirche von 1808/09. An der Schleuse könnte man über einige Stufen auf die Brücke zur anderen Mainseite wechseln. Nach dem Ort kommen wir noch am Shangri-La-Garten Natur in Stille vorbei, der rund um eine 250 Jahre alte Spessarteiche zur Entspannung einlädt.

KREUZWERTHEIM Den Hafen Hasloch schmückt der Fachwerkbau des Schifffahrtsamts. Hinter dem Ort führt die Bahnstrecke über den Main. Nach einer Straßenunterquerung erreichen wir Kreuzwertheim mit der Brauerei Spessart Specht. Der dortige Biergarten bietet besten Blick auf Wertheim und die mächtige Burgruine in rotem Buntsandstein. Hinter der Brauerei liegt ein Schloss, das 1736 als Witwensitz erbaut wurde. Es blieb bis heute Wohnsitz der Familie zu Löwenstein-Wertheim-Freudenberg. Auch die Altstadt mit ihrem Kirchplatz ist sehenswert.

WERTHEIM Vor dem Parkplatz biegen wir links zur Brückenstraße ab. Die Brücke bringt

↓ Rathaus Bürgstadt
→ Am Marktplatz in Miltenberg

INFO

Leicht | 36 km | 50 Hm | 3.30 Std.

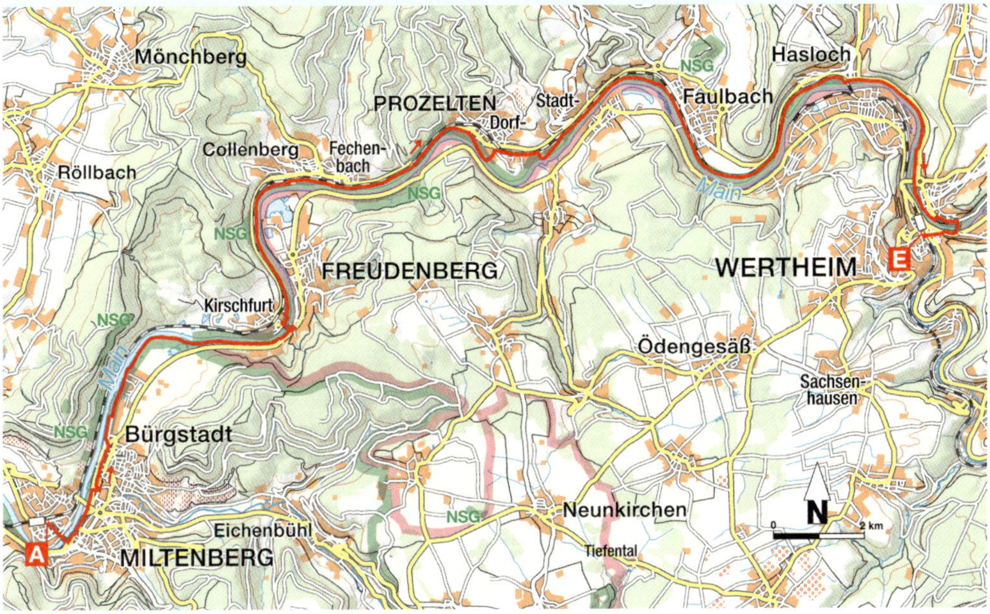

TOURENCHARAKTER
Die Route verläuft auf dem hier sehr flachen und fast durchgängig asphaltierten Fünf-Sterne-Radweg im Maintal.

AUSGANGSPUNKT
Bahnhof Miltenberg; barrierefrei, Parkplätze am südlichen Mainufer

GPS-DATEN (STARTPUNKT)
49.706034, 9.248694

ENDPUNKT
Bahnhof Wertheim; barrierefrei

ANFAHRT
Die Bahnhöfe Miltenberg und Wertheim liegen am Main-Tauber-Express zwischen Aschaffenburg und der Taubertalstrecke nach Lauda/Crailsheim.

KOMBINIERBAR MIT
Tour 9 und 13

KARTE
KOMPASS Fahrradkarte 1:70 000, Blatt 3351 Aschaffenburg, Würzburg, Spessart, Maindreieck

ABKÜRZUNG(EN)
Mit der parallel verlaufenden Bahnstrecke kann man die Strecke an den Bahnhöfen Kirschfurt, Collenberg, Dorfprozelten, Stadtprozelten, Faulbach und Hasloch variieren.

EINKEHR
Speiselokal Café Centgraf Bürgstadt (www.hotel-centgraf.de)
Biergarten Goldenes Fass (www.hotel-in-freudenberg.de)
Gasthaus Goldener Stern Dorfprozelten (www.stern-dorfprozelten.de)
Biergarten Ankerplatz Kreuzwertheim (www.biergarten-ankerplatz.de)
Cafés, Eiscafés, Restaurants und Imbissstuben in Wertheim

uns von Bayern in die nördlichste Stadt Baden-Württembergs. Auf der Eichelgasse kommen wir durch das von Main, Burgberg und Tauber begrenzte Dreieck der Altstadt. Spitzer Turm, Renaissance-Engelsbrunnen, Stiftskirche mit Wertheimer Madonna (um 1320) und die herrliche Atmosphäre der Gassen begeistern. Wir fahren über die Tauberbrücke und am Kulturhaus rechts zum Bahnhof. Mit dem Zug ist man in einer guten halben Stunde zurück in Miltenberg. An Wochenenden gibt's die Verbindung nur alle zwei Stunden.

MAINTOUR BEI SOMMERHAUSEN

Zwischen Ochsenfurt und Würzburg

Sommerhausen, Eibelstadt und Randersacker sind Perlen auf einer der allerschönsten Mainstrecken zwischen Quellen und Mündung. Ochsenfurt und Würzburg bieten weitere Attraktionen. Und an den Hängen beiderseits des Flusses erstrecken sich edle Weingüter.

2

Renaissanceschloss in Sommerhausen

OCHSENFURT Vom Bahnhof wenden wir uns nach Westen zum Oberen Tor der Altstadt. Die Hauptstraße öffnet sich am Neuen Rathaus mit figürlicher Spieluhr zu einem Platz. Hier ist häufig Markt. Rechts glänzt die wunderbar restaurierte Front von Fachwerkhäusern. Links liegt, etwas erhöht, der Kirchplatz mit Marienstatue. Die gotische Andreaskirche beherbergt eine Nikolausstatue von Tilman Riemenschneider in einer Seitenkapelle. Hinter der Kirche steht die ehemalige Friedhofskapelle aus dem 15. Jahrhundert. Im Tympanon ist das Ewige Gericht dargestellt. Noch vor dem Klingentor fahren wir rechts in die Brückengasse zum Main. Im Schlössle an der Alten Mainbrücke ist das Heimatmuseum untergebracht. Links davon sehen wir das Untere Tor. Unsere Strecke vereinigt sich mit dem Mainradweg, der über die mehrbogige, steile Steinbrücke hinüber nach Kleinochsenfurt führt. Rechts liegen das Freizeitbad main insel und am südlichen Ufer die große Zuckerfabrik, links das abknickende Mainknie.

KLEINOCHSENFURT Wir folgen den Würzburg-Schildern nach links und sehen rechts die Kirche Maria Schnee, die bis ins 12. Jahrhundert zurückgeht. Sie hat als Turm eine spätgotische Echterspitze, benannt nach Fürstbischof Julius Echter. Am Ortsende führt die Judengasse zum Trias-Fossilienmuseum mit Fossilien und Mineralien aus der 200 bis 250 Millionen Jahre zurückliegenden Triaszeit. Deren drei Schichten zeigt ein Wandrelief: Buntsandstein, Muschelkalk und Keuper. Schleuse und Mainbrücke erreichen wir auf der Höhe von Goßmannsdorf.

SOMMER- UND WINTERHAUSEN Wir nehmen die erste Gelegenheit wahr, nach Sommerhausen hineinzufahren. So kommen wir unter der Bundesstraße hindurch zum Rumorknechtsturm und an der Stadtmauer

Neues Rathaus in Ochsenfurt

entlang zum Ochsenfurter Tor, durch das wir in das Winzerdorf fahren. Auf der rechten Seite liegen das Renaissanceschloss, das Renaissancerathaus mit gegenüberliegendem Marktbrunnen und schließlich die Bartholomäus-Kirche von 1740. Den besonderen Reiz des liebenswerten Orts machen die Theater, Galerien und urigen Weinstuben aus. Am Würzburger Tor ist das legendäre Torturmtheater zu Hause. Hinter dem Tor folgen wir links einem winzigen Radschild außen an der Stadtmauer entlang, fahren dann wieder links zurück in den Ort und innen an der Stadtmauer bis zum Maintor mit Hochwassermarken. Durch das Tor hindurch stoßen wir nach der Straßenunterquerung auf den Gasthof Anker mit Biergarten samt perfektem Mainblick. Kurz darauf unterqueren wir die Main-

Tipp

STADTFÜHRUNG SOMMERHAUSEN

Von Mai bis Oktober startet samstags um 10 Uhr vor dem Rathaus eine Führung durch Sommerhausen. Sie kostet 5 Euro.

↑ Würzburg: Grafeneckart und …
↗ … Blick auf den Mainkai
→ Fachwerkjuwelen in Ochsenfurt

brücke nach Winterhausen, dem Gegenpart am anderen Ufer mit seinem Rokokorathaus.

EIBELSTADT Die steilen Rebstockhänge schieben sich ganz dicht an den Main. Der Radweg ist breit und bestens asphaltiert. Eibelstadt präsentiert sich mit einer neuen Erholungsanlage am Main samt Himmelsschaukel, Fitnessgeräten, Mainstrand und Umkleidemöglichkeit. Ein umgebauter Schulbus lockt als Foodtruck mit Biergarten. Jenseits der Bundesstraße kommt man durch die Stadtmauer mit Wehrtürmchen zu den Altstadtattraktionen. Eine vergoldete barocke Marienstatue von 1660 schmückt das Amtsgebäude des Würzburger Domkapitels. Am Chorbogen der Nikolauskirche ist eine Kreuzigungsgruppe der Riemenschneider-Werkstatt zu sehen. Am Ortsrand passieren wir den Neubau des Medientechnikanbieters Kindermann.

RANDERSACKER Unmittelbar vor der Autobahnbrücke bietet seit 2019 der Hochseilgarten Frankenturm Klettermöglichkeiten. Im malerischen Winzerort Randersacker kommt die ideale Gelegenheit zum Abstecher in die Altstadt erst bei den Bänken, Liegen und Spielplätzen an der zweiten breiten Unterführung der Bundesstraße. Durch verwinkelte Gassen kann man am Weingut Martinshof von 1325 entlang zum Mittelpunkt, der Kirchenburg mit Stephanskirche, gelangen. Ihr spätromanischer Turm ist mit lokalem Muschelkalk gebaut. Kristallisationspunkte der mittelalterlichen Besiedlung waren Edelhof, Zehnthof und Mönchshof, einst von der Zisterzienserabtei Heilsbronn gegründet.

WÜRZBURG Weinberge säumen den Weg, der uns komfortabel bis ins Zentrum von Würzburg führt. Auf der anderen Mainseite liegen die im Kern romanische Kirche Sankt Burkard am Fuß von Weinbergen und die Festung Marienberg mit dem Fürstbischöflichen Schloss. An dieser Stelle führt der Mainradweg vom Ufer in die Stadt und dann links in der Büttnerstraße weiter. Am Vierröhrenbrunnen und dem Grafeneckart erreichen wir das Zentrum. Links liegt die Alte Mainbrücke mit barocken Figuren, rechts führt die Domstraße auf den Kiliansdom zu. Südöstlich liegt die Residenz, eine barocke Schlossanlage. Das Hauptwerk des Würzburger Architekten Balthasar Neumann ist UNESCO-Weltkulturerbe. Staufer und Salier hielten in der Stadt ihre Reichstage ab. Barock- und Rokokobauten finden sich an vielen Ecken. Vor dem Dom drehen wir nach links und radeln an der Barockkirche Neumünster vorbei bis zum Ende der Straße. Hier steht links eine Statue von Fürstbischof Julius Echter. Rechts kommen wir an seiner Stiftung Juliusspital vorbei zum Hauptbahnhof. In einer guten Viertelstunde ist man zurück in Ochsenfurt.

INFO

TOURENCHARAKTER
Flache, fast durchgehend asphaltierte Strecke auf dem Mainradweg

AUSGANGSPUNKT
Bahnhof Ochsenfurt; mit Treppen und Parkplätzen

GPS-DATEN (STARTPUNKT)
49.663350, 10.071106

ENDPUNKT
Hbf Würzburg; barrierefrei

ANFAHRT
Regionalbahnverbindungen von Würzburg sowie von Ansbach/Treuchtlingen und Marktbreit nach Ochsenfurt; Hbf Würzburg mit Verbindungen in alle Richtungen

KOMBINIERBAR MIT
Tour 23

KARTE
KOMPASS Fahrradkarte 1:70 000, Blatt 3351 Aschaffenburg, Würzburg, Spessart, Maindreieck

ABKÜRZUNG(EN)
Die Bahnstrecke auf der anderen Mainseite bietet sich mit den Bahnhöfen Goßmannsdorf und Winterhausen für Variationen an.

EINKEHR
Gasthof Anker Sommerhausen mit Biergarten (www.gasthof-anker.de)
Heißer Franke Eibelstadt (www.heisserfranke.de)
Restaurant Syrtaki Randersacker

Leicht | 22 km | 40 Hm | 2.00 Std.

Blick aus dem Volkach-Graben auf die Stadt mit Turm der Bartholomäuskirche

3

MAINSCHLEIFE BEI VOLKACH

Rund um die junge Weininsel

Die Mainschleife bei Volkach ist das Herzstück des fränkischen Weinanbaus. Durch den Mainkanal ist die Weininsel entstanden. Ihre Umrundung führt durch Winzerorte, nach Münsterschwarzach und zuletzt zur Ikone Mainfrankens: der Wallfahrtskirche Maria im Weingarten.

VOLKACH Vom Busbahnhof, früher das Ziel der Mainschleifenbahn, wenden wir uns unter der Straße und über die Volkach Richtung Main. Hier haben wir einen fantastischen Blick über weite Wasserflächen. Am anderen Ufer sehen wir neben den Sandbergen des Kieswerks die spätgotische Kirche St. Johannes Evangelist von Astheim und oberhalb das alte Priorat der Kartause Marienbrück samt Dachreiter auf der spätgotischen Konventskirche. Links von uns teilt sich der Main: rechts setzt sich die Mainschleife mit einem Wehr fort, links verläuft der Mainkanal als Abkürzung. Unsere Rundtour nutzt beide Wasserläufe. Wir fahren zunächst auf der Innenseite der jungen Maininsel, die auch Weininsel genannt wird, und kommen am Kanal zurück.

SCHLOSS HALLBURG Die erste Brücke führt uns über den Fluss. Jetzt folgen wir rechts dem offiziellen Mainradweg Richtung Nordheim. Man kann auch parallel über Schloss Hallburg nach Nordheim fahren. Dazu fährt man hier links Richtung Sommerach, gleich darauf rechts zum Burgkomplex mit dem Weingut Graf von Schönborn.

NORDHEIM Wir erleben in der Aue auf dem wunderbar asphaltierten Mainradweg die Faszination der Mainschleife als Landschafts- und Vogelschutzgebiet. Kreuz und quer ziehen sich Weinberge über den steilen Prallhang auf der anderen Seite. Die Gegend zählt zu den trockensten und wärmsten Gebieten Deutschlands. Zugleich garantieren tonige und lehmige Bodenbeimischungen hohe Wasseraufnahmefähigkeit. Auf dem Scheitel sehen wir die Kirche Mariä Schutz mit dem Kloster Vogelsburg, das als Hotel genutzt wird. Jenseits davon liegt der Abhang zum Nordteil der Mainschleife. Links sehen wir Schloss Hallburg thronen. Bald umgeben uns auch auf dieser Mainseite Weinstöcke: das Entrée von Nordheim, flächenmäßig die zweitgrößte Weinbaugemeinde Frankens. Der Radweg führt uns am majestätischen Renaissancegebäude des Zehnthofs vorbei. Er ist Relikt der Jahrhunderte andauernden Herrschaft des Klosters Münsterschwarzach.

SOMMERACH Der Mainradweg leitet am Fuß der Weinberge wunderbar rund um den Kreuzberg nach Sommerach. Kurz vor dem Ort können Ambitionierte zum 50 Meter höher gelegenen Aussichtsturm strampeln. Sommerach begeistert durch seine Winzerdorfatmosphäre. Kurz hinterm Ortseingang passieren wir die architektonisch auffallende Vinothek der Winzergenossenschaft, den Winzerkeller. Nach der Kirche St. Eucharius lohnt ein Abstecher rechts hinab zum Maintor. Jenseits des Torturms, ehemals Teil einer kompletten Dorfmauer, liegt eine Badestelle am Main. Dank des Kanalbaus ist das Wasser hier ruhiger, flacher und sauberer, was auch Flora und Fauna zugutekommt.

MÜNSTERSCHWARZACH Nach dem Schwarzacher Tor am Ortsausgang leiten Radschilder bis über eine Kanalbrücke. Auch

Maintor in Sommerach

↑ Radweg am Mainkanal
↗ Abteikirche Münsterschwarzach
→ Wallfahrtskirche Maria im Weingarten

danach folgen wir dem Mainradweg Richtung Schwarzach, vorbei an Rapsfeldern, Bildstöcken und Wegkreuzen. Wir passieren Gerlachhausen, wo der Julius-Echter-Spitzhelm auf der Ägidiuskirche herausragt. Der Radweg führt zum Tor der Missionsbenediktiner von Münsterschwarzach mit der neuromanischen Kirche aus den 1930er-Jahren. Zur Anlage gehören der Eine-Welt-Laden, die Klosterbäckerei und -metzgerei sowie ein Buchladen. Vor der Säkularisation 1803 hatte die Benediktinerabtei rund 1000 Jahre lang große Bedeutung in der Region. Gegenüber vom Klostercafé radeln wir entlang eines rot markierten Streifens auf dem Weideweg unter der Uferstraße hindurch zum Main.

MAINKANAL Eine Brücke führt uns rechts über die in den Main mündende Schwarzach stromaufwärts Richtung Volkach. Wir bleiben am Ufer des Mains, der zum Mainkanal wird. So passieren wir die Schleuse Gerlachshausen und unterqueren die Brücke, über die wir von der Weininsel gekommen sind. Der Uferweg ist hier nicht als Radweg beschildert, aber hervorragend zum Radeln geeignet. Auch die übernächste Brücke, die wir unterqueren, kennen wir schon. Hier gesellt sich der offizielle Mainradweg wieder zu uns.

MARIA IM WEINGARTEN Ihm folgen wir bis über Volkach hinaus, wo hinter der Stadt am Hang die Ikone Mainfrankens auftaucht: die spätgotische Wallfahrtskirche Maria im Weingarten. Sie liegt 30 Meter höher. Die Kombination aus Wallfahrtsatmosphäre, Weinberg und dem Weitblick ist einzigartig.

Tipp

MAINSCHLEIFENBAHN

Mit der touristischen Mainschleifenbahn kann man an Wochenenden samt Rad von Seligenstadt (bei Würzburg) bis Volkach-Astheim fahren. Ab 2026 soll es wieder regulären Zugbetrieb geben.

In der Kirche schwebt die 1524 fertiggestellte Madonna im Rosengarten von Tilman Riemenschneider. Ihr spektakulärer Diebstahl und die Rückgabe machten 1962 Schlagzeilen.

VOLKACH Zurück kommen wir vorbei am Freibad und am Gaibacher oder Unteren Tor in das historische Zentrum. Links finden sich in Seitenstraßen das Museum Barockscheune und das barocke Schelfenhaus. Dann öffnet sich rechts der Marktplatz mit dem Renaissancerathaus, dem Tuchhaus von 1500 und einem achteckigen Brunnen mit Immaculatastatue. Alles wird überragt vom Turm der Bartholomäuskirche. Durch das Sommeracher oder Obere Tor verlassen wir die Altstadt und erreichen gleich darauf rechts auf der Bahnhofstraße den Ausgangspunkt.

INFO

TOURENCHARAKTER
Sehr flacher Rundkurs, zum Großteil auf dem Mainradweg; die Strecke zurück am Mainkanal ist größtenteils nicht asphaltiert.

AUSGANGS-/ENDPUNKT
Busbahnhof Volkach; mit Parkplätzen

GPS-DATEN (STARTPUNKT)
49.863719, 10.225324

ANFAHRT
Busverbindungen zu den Bahnhöfen Kitzingen, Schweinfurt und Würzburg; Fahrradtransport ist nur mit viel Glück möglich. Zweirad Weissenseel verleiht 1 Kilometer südlich des Busbahnhofs Räder (Mo–Mi & Fr 10–12 & 14–18 Uhr; Do geschlossen; Sa 9–13 Uhr; Rückgabe Sa & So bis 18 Uhr möglich; Reservierung empfohlen).

KOMBINIERBAR MIT
Tour 20

KARTE
KOMPASS Fahrradkarte 1:70 000, Blatt 3351 Aschaffenburg, Würzburg, Spessart, Maindreieck

ABKÜRZUNG(EN)
Wer am Ende auf den Abstecher zur Wallfahrtskirche Maria im Weingarten verzichtet, spart 4 Kilometer und ein Drittel der Höhenmeter.

Leicht | 26 km | 100 Hm | 2.30 Std.

EINKEHR
Gasthof Weininsel Nordheim (www.gasthof-weininsel.de)
Winzerkeller Sommerach (www.winzer-sommerach.de)
Gasthaus Zum Benediktiner Münsterschwarzach (www.zumbenediktiner.de)
Genießerei Tuchhaus Volkach (www.tuchhaus.com)

AM KRUMBACH NACH KÖNIGSBERG

Durch die Haßberge bei Haßfurt

Diese Tour verbindet drei wunderbare Orte: Haßfurt, Zeil am Main und als Krönung Königsberg in Bayern. Mit seinem Reichtum an Fachwerkhäusern gilt es als Perle der Haßberge. Die Radwege führen romantisch durch Mainauen, am Krumbach entlang und auf einem Bahnradweg.

4

Marktplatz in Zeil am Main

HASSFURT Über die Bahnhofstraße radeln wir zur Hauptstraße. Rechts kann man durch das Obere Tor in die Altstadt. Wir fahren jedoch links. Hier sticht auf der linken Straßenseite die Ritterkapelle hervor. Die spätgotische Marienkirche glänzt außen wie innen mit ihrer Ästhetik. Der Chor mit interessanten Wappen wurde neugotisch ergänzt. Die Hauptstraße führt auf die neuromanische evangelische Kirche von Haßfurt zu, vor der uns die Radbeschilderung halb rechts weiterführt. Auf der linken Seite folgt eine winzige Kapelle, die der Göttlichen Hilfe geweiht ist. Davor steht ein kleines verwittertes Kreuz mit Bootshaken und Seitenruder. Es wurde im 15. Jahrhundert für einen gewaltsam umgekommenen Mainschiffer errichtet.

MAINAUEN Nun gabelt sich die Radwegbeschilderung. Geradeaus geht es als mögliche Abkürzung mit dem Mainradweg Richtung Zeil und Bamberg – allerdings an der Bundesstraße entlang. Wir nehmen rechts die Flugplatzstraße, die zu einem kleinen Verkehrslandeplatz führt. Um den radeln wir herum. So kommen wir in die Mainaue bei Augsfeld. Ruhe und Beschaulichkeit umgeben uns. Wir radeln direkt auf einen Aussichtsturm zu. Von dem hat man einen perfekten Blick auf den Sichelsee und die Gewässer ringsumher: ein Vogelparadies. Eisvogel, Kiebitz, Blässhuhn, Graureiher, Kormoran, Rohrammer, Nachtigall und verschiedene Entenarten. Wir folgen dem Radweg. Vor der größeren Querstraße geht es rechts unter dem Ansatz der Brücke hindurch. Vorsicht: Die Unterführung ist sehr niedrig.

SANDER BAGGERSEE Dahinter folgen wir rechts den Schildern nach Sand am Main und werden so auf die Brücken über den Main und die Seenlandschaft geführt. Die Radbeschilderung führt weiter nach Sand. Hinter einer kleinen Ansammlung von Häusern geht es kurz nach links und hinter der Holzbrücke rechts. Jetzt erreichen wir den Sander Baggersee. Die Freizeitoase ist ideal für eine Pause. Ausruhen, Schwimmen, Stand-up-Paddling und vieles mehr ist hier möglich. Beim Campingplatz gibt es auch einen Kiosk. An einem Turm am Ende des Sees stoßen wir wieder auf den offiziellen Mainradweg, dem wir nun nach links Richtung Zeil folgen.

ZEIL AM MAIN Auf dem Radweg an der linken Straßenseite werden wir über den Main in den Ort geführt. Nach dem Lidl-Markt auf der rechten Seite überqueren wir zum ersten Mal den Krumbach, an dem wir nun in die Haßberge fahren. Auf einem kleinen Weg kreuzen wir die Bahnstrecke. Danach macht die Mainradweg-Radwegbeschilderung einen kleinen Schlenker nach rechts, wo wir einen guten Blick auf den Kapellenberg haben. Das Zeiler Käppele ist Wallfahrtskirche und Wahrzeichen der Stadt. Wir fahren links auf der hier beschaulichen Bundesstraße. So kommen wir über den Krumbach hinweg zum famosen Marktplatz mit seinen Fachwerkhäusern. Am auffälligsten ist das Jörg-Hofmann-Haus von 1689 mit grün bemaltem Holz samt verschiedenen Fratzen, Verzierungen und Tierdarstellungen. Am oberen Ende des Platzes mit Eiscafés und einem Weinhaus ist an dem spätgotischen Rathaus die Jahreszahl 1540 zu erkennen. Der Unterbau ist älter, an der Ecke kann man den Pranger und die

Tipp

VOGELBEOBACHTUNG

Wer die vielfältige Vogelwelt in den Mainauen beobachten möchte, verbessert mit einem Fernglas seine Chancen, besonders auf dem Aussichtsturm am Sichelsee bei Augsfeld.

Bamberger Elle entdecken. Dahinter ragt die Pfarrkirche St. Michael mit ihrem Fünfknopfturm hervor. Davor steht die spätgotische Anna-Kapelle. Dem Rathaus gegenüberstehend wird das ehemalige Rosenbergische Zehnthaus dem Barockbaumeister Johann Jacob Michael Küchel zugeschrieben. Weiter geht's auf der Bundesstraße. Links liegt das ehemalige Schönborn'sche Jagdschloss und rechts der unübersehbare Hexenturm. Er beherbergt ein interessantes Dokumentationszentrum über die sogenannte Hexenverfolgung. Ihr fielen im 17. Jahrhundert mehr als 400 Menschen, vorwiegend Frauen, in Zeil zum Opfer.

KRUMBACH An der nächsten Straßenecke stößt die mögliche Abkürzung unserer Tour von Haßfurt her wieder auf unsere Hauptroute. Wir verlassen hier die Bundesstraße und den Mainradweg nach rechts Richtung Krum und folgen der Krumer Straße. Am Kreisel beginnt ein Radweg, der kurzzeitig auf die andere Seite des Krumbachs führt. In Krum endet der Radweg. Rechts grüßt die spätbarocke Giebelfassade der Kirche St. Peter und Paul. An der Straße entlang geht es weiter im Krumtal und an der Kreuzung rechts auf der etwas breiteren Straße. Bei einem Trafohäuschen beginnt der Radweg auf der linken Fahrbahnseite, der uns von der Hauptstraße wegführt. Wir fahren in einigem Abstand parallel zu ihr auf einem teils asphaltierten, teils gepflasterten Feldweg durch das Naturschutzgebiet Hohe Wann. Wenn wir wieder auf die Landstraße treffen, haben wir am höchsten Punkt der Route 100 Meter Höhe gegenüber dem Main gewonnen.

Landwehrgraben in der Mainaue bei Augsfeld

KÖNIGSBERG IN BAYERN Der offizielle Radweg führt jetzt zur Burg von Königsberg und dort sehr steil hinunter in den Ort. Damit kein Hass auf die Haßberge entsteht, empfehle ich an dieser Stelle, die direkte, knapp einen Kilometer lange Abfahrt auf der Landstraße zu nehmen. Aber Vorsicht: Hier ist kein Radweg. So rollen wir geradeaus in den Ort bis auf den Marktplatz. Die Altstadt ist ein sensationelles Fachwerkensemble, stilecht mit Kopfsteinpflaster. Nach rechts öffnet sich der Salzmarkt, der komplett unter Denkmalschutz steht. Dort steht ein Monument für den hier im 15. Jahrhundert geborenen Astronomen und Mathematiker Johannes Müller Regiomontanus, zu Deutsch: Königsberger. Cafés und Restaurants gehören zum einladenden Ambiente. Wenn wir hinter der Marienkirche links weiter bergabfahren, geht die Fachwerkfülle weiter. Zum Schluss rollen wir durch ein Stadttor mit Fachwerkaufbau.

BAHNTRASSENRADWEG HOFHEIMERLE
Von der Haßfurter Straße führen Radwegschilder nach rechts ab. Mit ein wenig Zickzack geht es um die Fränkischen Rohrwerke herum zur ehemaligen Bahntrasse Richtung Haßfurt. Auf den ersten Metern kann man die Trasse nur erahnen, um bald wunderbar darauf dahinzugleiten. Wegen ihres Zielorts

INFO

TOURENCHARAKTER
Meist auf asphaltierten Radwegen am Main und einer Bahntrasse, zum Teil auf Feldwegen und Straßen; Steigung vor Königsberg

AUSGANGS-/ENDPUNKT
Bahnhof Haßfurt; barrierefrei mit Parkplätzen

GPS-DATEN (STARTPUNKT)
50.033018, 10.509638

ANFAHRT
Haßfurt liegt an der Bahnstrecke Schweinfurt–Bamberg.

KARTE
KOMPASS Fahrradkarte 1:70 000, Blatt 3328 Nürnberg, Bamberg, Steigerwald

ABKÜRZUNG(EN)
Wer von Haßfurt nach Zeil den offiziellen Mainradweg an der B 26 nimmt, spart 6 Kilometer.

EINKEHR
Weinhaus Nüßlein Zeil am Main (www.weinhaus-nuesslein.de)
Kürdi Grillhaus Haßfurt
Bistro-Eiscafé Bassanese Haßfurt (www.bassanese-hassfurt.de)

Mittel	33 km	170 Hm	3.30 Std.

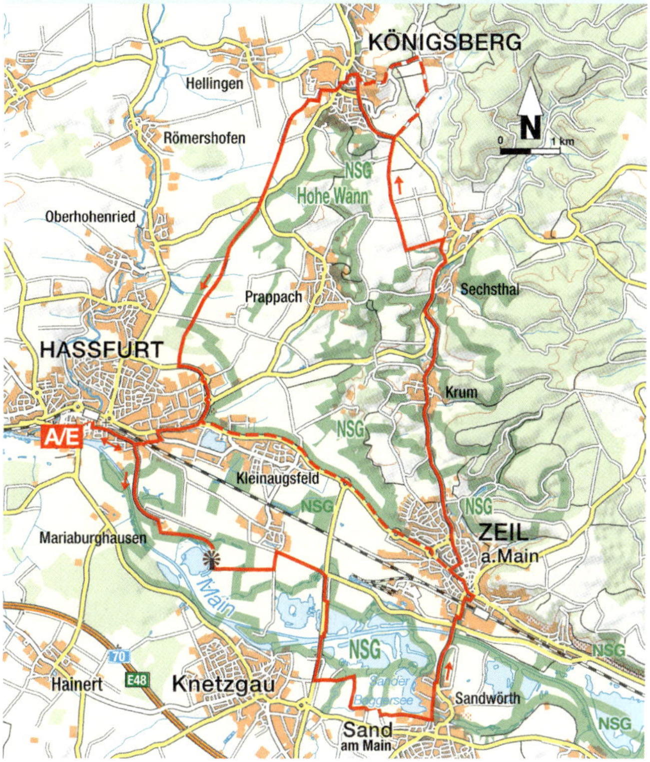

wurde die Bahnlinie im Volksmund Hofheimerle genannt. Hier und da stehen alte Entfernungsmarkierungen. An einem kleinen Parkplatz endet der Bahntrassenradweg.

HASSFURT Auf der Osttangente von Haßfurt folgen wir links den Schildern Richtung Stadt und Mainradweg. Wir radeln zwischen Industriebauten hindurch. Schon sind wir wieder an der B 26, die hier nördlich des Mains verläuft. Radweg und Haßfurt-Schilder weisen uns zuverlässig weiter nach rechts. Wir sind wieder auf dem Mainradweg. Der führt uns vorbei am Kreuz vor der Kapelle zur Göttlichen Hilfe, der neuromanischen evangelischen Kirche und der spätgotischen Ritterkapelle auf den Oberen Turm mit dem Bamberger Tor von Haßfurt zu. Rechts geht es zurück zum Bahnhof. Ein Abstecher in Altstadt lohnt allemal. Rechts hinter dem Alten Rathaus liegen der Marktplatz und die Stadtpfarrkirche St. Kilian von 1390 mit Werken von Tilman Riemenschneider. Die lange Hauptstraße zieht sich wunderbar hin zum Unteren Turm mit dem Würzburger Tor (um 1230). Bei der Rückfahrt blickt man rechts neben dem Bamberger Tor auf die fürstbischöfliche Zehntscheuer vom Ende des 15. Jahrhunderts. Nördlich des Stadtkerns bietet sich noch das Erlebnisbad für Entspannung mit Spaß an.

Klosterstuben vor der Basilika St. Marcellinus und Petrus in Seligenstadt

5

AM MAINBOGEN VON ASCHAFFENBURG

Zur Karolingermetropole Seligenstadt

In Aschaffenburg verbindet eine lange Sichtachse Schloss Johannisburg über den Main hinweg mit dem Park Schönbusch. Die Tour führt zu beiden Attraktionen und folgt dem Main nach Norden. Dort wartet als Sahnehäubchen die Karolinger-Metropole Seligenstadt.

ASCHAFFENBURG Wir wenden uns schon im Bahnhofsgebäude nach links und gelangen in der Verlängerung des dortigen Ausgangs in die Frohsinnstraße. Mit der Radbeschilderung folgen wir der Einbahnstraße nach rechts und sehen in der Fortsetzung der Erthalstraße bereits den Nordwestflügel von Schloss Johannisburg mit zwei achtstöckigen Türmen. An der Kirche drehen wir nach links auf den Agathaplatz, den ein rosafarbenes Gründerzeithaus schmückt. Über den Marktplatz rollen wir hinauf zum Schlossplatz mit Blick auf die Jesuitenkirche Heiligste Dreifaltigkeit. Sie wurde kurz nach Bau des Schlosses ebenfalls im Renaissancestil errichtet. Nach Kriegszerstörung und Wiederaufbau wird sie als Kunstmuseum genutzt. Das Schloss aus Odenwälder Sandstein baute der Straßburger Baumeister Georg Ridinger im Stil der italienischen Renaissance von 1605 bis 1614. Kurfürst Johann Schweikhard von Kronberg hatte ihn beauftragt. Es diente bis 1803 als zweite Residenz der Mainzer Erzbischöfe. Vom Innenhof erreicht man die Schlosskapelle, das Schlossmuseum und die Staatsgalerie mit einer bedeutenden Cranach-Sammlung. Vom Schlossplatz hat man einen großartigen Blick auf den Mainbogen mit der Sichtachse zum Park Schönbusch. Durch eine Mauerlücke nehmen wir den Radweg hinunter zum Fluss. Man kann auch die Schlossgasse mit ihren Wirtshäusern, Fachwerkhäusern und der romanischen Kirche nehmen.

NILKHEIMER PARK Von der Willigisbrücke haben wir den besten Blick zurück aufs Schloss. Am anderen Ufer fahren wir auf dem Radweg unter den Fahrbahnen hindurch zum Main. Zwischen den beiden Unterführungen kann man rechts mit der Kleinen Schönbuchallee die Abkürzung zum Park nehmen. Am Ufer radeln wir nach der Unterquerung des Westrings und der Eisenbahnbrücke unterhalb des Nilkheimer Parks entlang. Wenn die Mainradwegschilder die Entfernung nach Aschaffenburg mit vier Kilometern angeben, fahren wir halb rechts auf der Rampe zur Ampel, kreuzen die Straße und radeln auf der anderen Seite zunächst zurück. Der Radweg macht einen Schlenker um ein Vereinsheim und die Kilianskapelle, die bis auf das 8. Jahrhundert zurückgeht. Links liegen die Ausläufer von Park Schönbusch, rechts der Nilkheimer Park. Der Pavillon beheimatet dort im Stil eines griechischen Tempels einen Spiegelsaal, der für Eheschließungen genutzt wird. Ganz am nordöstlichen Ende des Parks sind

Tipp

SCHLIESSFÄCHER IM PARK

Der Fahrradparkplatz von Park Schönbusch bietet Gepäckschließfächer. So kann man unbesorgt einen Spaziergang auf dem 20 Kilometer langen Wegenetz genießen.

Blick von der Willigisbrücke auf Schloss Johannisburg in Aschaffenburg

↑ Pieta am Ende der Kirschblüte
↗ Landschaftspark Schönbusch: Schloss (18. Jh.) ...
→... und Brücke mit Sphinx-Skulptur

die Reste eines Römerbads zu sehen. Sie wurden vom Kastell Stockstadt, an dem wir später vorbeikommen, hierhin versetzt. Schon auf Höhe des Rondells in Form eines offenen Rundtempels, biegen wir links in die Sackgasse Nilkheimer Bahnhofstraße ab. So fahren wir am Rand von Park Schönbusch auf den Bunker 224, einen Teil der Wetterau-Main-Tauber-Stellung von 1936/37, zu.

LANDSCHAFTSPARK SCHÖNBUSCH Hier geht's weiter rechts über die Bahnstrecke und danach links in den Park Schönbusch hinein. Die rund 200 Meter im Fußgängerbereich des Parks sollte man schieben. Danach dürfen wir rechts ab am Rand des Parks radeln, zum Teil auf einer schönen Allee. Die kreuzt sich nun mit der Kleinen Schönbuschallee, die den südlichen Rand der Blickachse zu Schloss Johannisberg markiert. Links führt sie uns zum ehemaligen Küchenbau mit Restaurant und bayerischem Biergarten. Die Orangerie und ein Irrgarten liegen in der Nähe. Im Lustgarten aus dem 18. Jahrhundert im Stil eines englischen Landschaftsparks finden sich ein Schlösschen sowie Seen und Brücken mit Sphinxstatuen. Wir radeln an den Autoparkplätzen entlang weiter nach Norden und queren dabei die Sichtachse des Parks zum Schloss Johannisburg. Am Nordrand des Parks fahren wir links auf der von Pappeln gesäumten Straße, die einst als Große Kleinbuschallee bezeichnet wurde.

STOCKSTADT An einer Kreuzung folgen wir rechts den Schildern Richtung Stockstadt auf dem Radweg an der linken Fahrbahnseite. An der Papierfabrik erinnert eine Tafel an ein römisches Kastell des Obergermanisch-Raetischen Limes, dessen Reste in den Nilkheimer Park versetzt wurden. Jenseits der Gleise von

Werksbahn und Eisenbahn kommen wir ins Ortszentrum mit der Leonharduskirche rechts und dem Zollhaus auf der linken Seite. Es diente ab 1546 dem Mainzer Erzbischof und Kurfürsten Albrecht von Brandenburg als Zollstation. Schon kurz zuvor biegt unsere Route rechts in die Schwanengasse und dann links auf den Deich mainabwärts ein. Weg und Beschilderung nach Seligenstadt sind perfekt, auch wenn der offizielle Mainradweg rechts am Fluss entlang verläuft. An der Kilianusbrücke bei Mainflingen stößt er von Karlstein-Dettingen her auf unsere Seite.

SELIGENSTADT Bei der Mainfähre erreichen wir das Zentrum von Seligenstadt, seit 2020 offiziell Einhardstadt. Einhard, Biograph Karls des Großen, ließ eine Basilika für die Gebeine der Märtyrer Petrus und Marcellinus bauen. Daneben liegt das restaurierte ehemalige Benediktinerkloster. Jenseits vieler Fachwerkbauten kommen wir auf der Bahnhofstraße zum Bahnhof, sofern uns nicht die Eisdielen, Biergärten und Restaurants oder das Freischwimmbad zur Pause verlocken. Mit Umstieg in Babenhausen ist Aschaffenburg in einer knappen halben Stunde erreicht.

INFO

TOURENCHARAKTER
Flache Strecke, meist asphaltiert

AUSGANGSPUNKT
Aschaffenburg Hbf; barrierefrei mit Parkhäusern

GPS-DATEN (STARTPUNKT)
49.979836, 9.143842

ENDPUNKT
Bahnhof Seligenstadt (Hessen); mit ebenerdigem Bahnsteig

ANFAHRT
In Aschaffenburg Nah- und Fernverkehr in alle Richtungen; in Seligenstadt Regionalzüge nach Hanau/Frankfurt bzw. Richtung Süden mit Umsteigemöglichkeit in Babenhausen Richtung Aschaffenburg

KARTE
ADFC-Regionalkarte 1:75 000, Spessart/Main/Odenwald

ABKÜRZUNG(EN)
Nach Überquerung der Willigisbrücke in Aschaffenburg kann man auf der Kleinen Schönbuschallee zum Park fahren, das spart 4 Kilometer.

EINKEHR
Brauereigaststätte Schlappeseppel Aschaffenburg (www.schlappeseppel-ab.de)
Kulinarischer Schönbusch mit Biergarten (www.schoenbusch-ab.de)
Zum Schwanen in Stockstadt
Vielfältige gastronomische Angebote in Seligenstadt

Leicht	27 km	50 Hm	2.30 Std.

HÖHEPUNKTE IM GOTTESGARTEN

Kloster Banz und Vierzehnheiligen

Das Obermaintal bei Bad Staffelstein wird Gottesgarten genannt. Wer den fränkischen Garten Eden in seiner ganzen Pracht ermessen will, muss auf die Höhen. Dort veredeln Kloster Banz und die Wallfahrtskirche Vierzehnheiligen mit Barockbauten die Aussicht.

An der Mainschleuse bei Hausen

6

↑ Wallfahrtskirche Vierzehnheiligen
→ Bad Staffelstein Rathaus

AUFFAHRT Auf der Nordseite des Bahnhofs von Bad Staffelstein führt uns ein Radschild nach Norden auf einen Radweg Richtung Kloster Banz. Sobald wir an die Straße herangeführt sind, sehen wir bereits über dem Berg vor uns Kloster Banz und auf der rechten Talseite Vierzehnheiligen in der Ferne. Wenn in Unnersdorf der Radweg endet, fahren wir auf der rechten Seite der Straße weiter. Am Ortsende zweigt rechts die Kloster-Banz-Straße ab. Auf der wiederum führt bald rechts eine wunderbare Radwegallee ab. Auf der einfach geradeaus. Auf keinen Fall am Beginn der Steigung links dem Radwegschild folgen. Wir müssen jetzt da rauf, sind schon fast da.

KLOSTER BANZ Wir sehen das ehemalige Kloster mit den beiden Kirchtürmen vor uns und schieben zur Not. Es liegt 130 Meter höher als der Bahnhof. Jeder Meter wird gleich mit faszinierender Aussicht belohnt. Dafür müssen wir durch den Torbogen. Vor uns thront der Eingang der ehemaligen Benediktinerabtei, die heute von der CSU-nahen Hanns-Seidel-Stiftung genutzt wird. Zur Kirche geht es rechtsherum noch ein paar Meter aufwärts. Leonhard Dientzenhofer schuf die Anlage an der Wende vom 17. zum 18. Jahrhundert. Sie gilt als Musterbeispiel des süddeutsch-böhmischen Barocks. Die Kirche wirkt durch die Aufteilung der Wandflächen und die Gewölbegestaltung größer als sie ist, scheint sich fast unendlich in die Höhe zu strecken. Vor der Kirche genießen wir zum ersten Mal den famosen Ausblick auf den weiten, grünen Gottesgarten, an dessen gegenüberliegender Seite sich erwartungsvoll die Wallfahrtskirche Vierzehnheiligen erhebt. Sie wurde ein halbes Jahrhundert später gebaut. Zurück am Torbogen können wir uns vor oder in der Klosterschänke niederlassen.

ÜBER DEN MAIN Wir bleiben entlang der Straße ein bisschen auf der Höhe. Am Ortseingang von Weingarten geht es rechts hinunter Richtung Hausen zum Main. Die historische Fähre ist durch einen langen Steg ersetzt. Auf ihm können wir die Räder an der Schleuse auf die andere Seite schieben. Wir folgen den Radschildern vorbei am Badesee hinein nach Reundorf und an der modernen Kirche den Schildern Richtung Lichtenfels. So kommen wir unter der Autobahn bis hinein in den Stadtteil Seubelsdorf. Mit der Reundorfer Straße biegen wir rechts ab und überqueren die Gleise. Am Ende kurz links auf der Bamberger Straße. An der nächsten Kreuzung nehmen wir rechts den Fuß- und Radweg jenseits der Fahrbahn.

WALLFAHRTSKIRCHE VIERZEHNHEILIGEN Wir werden unter der Bundesstraße auf einen traumhaften Weg geführt, der links von Bäumen gesäumt ist und rechts den Blick auf einen Teil des Gottesgartens freigibt. Es wird mal wieder ein bisschen steiler. Zur Not wieder schieben. Die Basilika Vierzehnheiligen liegt fast so hoch wie das Kloster Banz. Dorthin ist ihre Fassade ausgerichtet. Innen steht der riesige Gnadenaltar als Herzstück ungewohnt im Zentrum des Kirchbaus. Balthasar Neumann hat das Rokokomeisterwerk Mitte des 18. Jahrhunderts geschaffen. Der Altar ist jenen 14 Heiligen gewidmet, die als Nothelferinnen und Nothelfer verehrt werden. Diese Heiligen erschienen einem Schäfer hier als Kinder im Jahr 1445 und verlangten den Bau einer Kapelle. Als kurz darauf eine Magd geheilt wurde, setzte die Wallfahrt ein. Um die Kirche herum tragen Andenkenläden und Restaurants zum typischen Stimmungsmix aus körperlicher Anstrengung und Volksfrömmigkeit bei.

IM HERZEN DES GOTTESGARTENS Jetzt rollen wir den Berg hinunter, bleiben aber auf der Straße, bis in Grundfeld die Dorfstraße mit dem Radschild Richtung Bad Staffelstein links abzweigt. Die Radschilder führen uns durch den Ort und kurz darauf über die Autobahn und die Bahnstrecke Richtung Main mit grandiosem Blick auf Kloster Banz. Wir radeln im Herzen des Gottesgartens. Auf dem Radweg geht es an der Straße entlang durch Schönbrunn. Noch einmal überqueren wir die Bahngleise. Nun liegt der abgesetzte

↓ Kloster Banz: Barockausstattung von Leonhard Dientzenhofer …
→ … Kirchtürme …
↘ … und ehemaliges Kloster

INFO

Mittel | 18 km | 310 Hm | 3.00 Std.

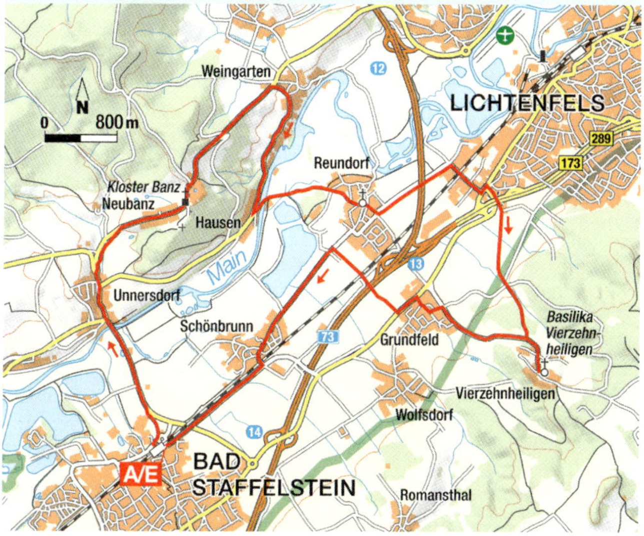

TOURENCHARAKTER
Asphaltierte Radwege und Straßen mit zwei kräftigen Anstiegen

AUSGANGS-/ENDPUNKT
Bahnhof Bad Staffelstein; mit Treppen und Parkplätzen

GPS-DATEN (STARTPUNKT)
50.108701, 10.994691

ANFAHRT
Bad Staffelstein liegt an der Bahnlinie Bamberg-Bayreuth/Hof.

KOMBINIERBAR MIT
Tour 7

KARTE
KOMPASS Fahrradkarte 1:70 000, Blatt 3328 Nürnberg, Bamberg, Steigerwald

EINKEHR
Vierzehnheiligen: Gasthof Goldener Stern
Bad Staffelstein: Eiscafé Venezia (www.venezia-staffelstein.de)
Gasthof Alte Mühle (www.gasthof-alte-muehle.de)
Grüner Baum (www.gruener-baum-badstaffelstein.de)

Radweg auf der linken Fahrbahnseite. So werden wir direkt zur Bahnhofsunterführung geleitet. Für die meisten Fahrziele fährt man am besten rechts durch die Unterführung zum Nordausgang mit Gleis 2 und 3. Auf dieser Seite liegen auch die Obermain Therme sowie das Sport- und Spaßbad Aqua-Riese mit dem Badesee Ostsee.

BAD STAFFELSTEIN UND ADAM RIESE

Auf der anderen Seite führt vom Bahnhofsvorplatz die Bahnhofstraße schnurstracks ins alte Zentrum von Bad Staffelstein. Nach verschiedenen Gastronomiebetrieben und Läden steht vor einem Eiscafé eine überlebensgroße Bronzeskulptur aus dem Jahr 2009 von Adam Ries, noch bekannter als Adam Riese. Er wurde 1492/93 in Staffelstein geboren und hat wesentlich dazu beigetragen, dass im Alltag die römischen Zahlen durch das indisch-arabische Zahlensystem ersetzt wurden. Direkt dahinter dominiert das Rathaus als dreigeschossiges fränkisches Fachwerkhaus den Marktplatz. Schräg gegenüber steht der Gasthof Adam Riese, ebenfalls ein Fachwerkhaus. Schaut man hier nach rechts die Hauptstraße hinunter, sieht man als Rest der Stadtbefestigung den Bamberger Turm oder Stadtturm.

Tipp

HILFE AM HANG

Wer bei den Anstiegen ein bisschen Unterstützung haben möchte, kann bei Radsport Höppel in Bad Staffelstein E-Bikes leihen (Mo–Fr 10–18.30 Uhr; Sa 8.30–14 Uhr).

In Pettstadt
an der Lauter (Tour 11)

KLEINE ZUFLÜSSE

An Bächen und Flüsschen
durch Spessart, Haßberge, Odenwald
und die Fränkische Toskana

Kappelsee bei Rentweinsdorf

7

IN DEN ÖSTLICHEN HASSBERGEN

Durch Baunach-, Itz- und Maintal

Drei sehr unterschiedliche Täler und vielfältige Orte wie das Fachwerkparadies Mürsbach prägen diese Tour. Über eine kleine Anhöhe kommen wir in den östlichen Haßbergen vom Baunach- ins Itztal. Im Maintal locken zuletzt Badeseen und Bäder im Gottesgarten.

EBERN Früher verlief die Bahnstrecke über Ebern hinaus bis nach Maroldsweisach. Vom heutigen Endhaltepunkt rollen wir ein paar Meter am Gleis zurück und biegen dann rechts zur Altstadt ab. Die Querstraße an der nächsten Ecke rechts bringt uns hinter der Stadtbefestigung in die Rittergasse. An der spätgotischen und kaum barockisierten Kirche St. Laurentius mit dem danebenstehenden Beinhaus des ehemaligen Friedhofs radeln wir nach links hinüber zur Hauptachse des Altstadtensembles, dem Marktplatz. Unter den zahlreichen Fachwerkhäusern sticht die reich gegliederte Fassade des Rathauses hervor. Der Kirchturm bildet die Mitte der einst acht Türme des Orts. Von den noch bestehenden sechs Türmen – sie werden Eberner Kegelspiel genannt – verlassen wir durch das Grauturm-Stadttor die Altstadt Richtung Süden in die Vorstadt »Klein Nürnberg«. Der Grauturm gilt als einer der schönsten und höchsten Tortürme Deutschlands.

RENTWEINSDORF Wir rollen von dem Hügel hinunter. Noch vor der ersten der drei Brücken über den Mühlbach, die Baunach und den Eichelbach kann man als Alternative links die kleine Landstraße nehmen. Sie führt direkt nach Treinfeld. Man spart knapp einen Kilometer. Unten im Tal nehmen wir an der Bundesstraße den Radweg auf der linken Seite Richtung Rentweinsdorf. Im Mittelpunkt des Orts liegt links das elegante Rokokoschloss, zwischen 1750 und 1762 erbaut, das privat bewohnt wird. Auf der gegenüberliegenden Seite stehen die rund 150 Jahre ältere Kirche Heilige Dreifaltigkeit und Ton in Ton daneben das Gasthaus zum Schloss.

ITZ-BAUNACH-HÜGELLAND Eine kleine Kräftigung kann nicht schaden, denn nun kommt der entscheidende Anstieg der Tour. Richtung Mürsbach schiebt sich eine kleine Passhöhe der Haßberge mit 90 Höhenmetern in den Weg. Dorthin biegen wir gegen Ortsende mit den Radwegschildern links ab. Am Kappelsee entlang kommen wir zunächst nach Treinfeld am Fuß der Berge. Links sehen wir das alte Torhaus von 1551, das einst als Südtor der Dorfbefestigung diente. Die Radschilder weisen über die Bahnlinie hinweg aus dem Ort den Berg hinauf. Wir wechseln vom Baunach- ins Itztal. Die Hügellandschaft ist nach beiden Wasserläufen benannt: Itz-Baunach-Hügelland. Beim Weiler Ottneuses mit seinen Gehöften haben wir es fast geschafft. Vom Scheitel aus rollen wir nun locker hinunter nach Mürsbach.

MÜRSBACH Unter den fränkischen Fachwerkorten sticht Mürsbach besonders hervor. Im Zentrum des Orts ist der Marktplatz kaum als solcher zu erkennen, weil sich von allen Seiten Fachwerkhäuser an die Straßenkreuzung heranschieben. Man kann hier alternativ links fahren und mit der Hauptstraße auf die andere Talseite nach Hilkersdorf wechseln. Direkt nach Überquerung der Itz stößt man auf einen Radweg, der auf einer ehemaligen Bahntrasse rechts an der Bundesstraße entlang nach Rattelsdorf führt. Unsere Route führt am Marktplatz von Mürsbach nach rechts. So kommen wir an der traditionsreichen Brauereigaststätte Sonnen-Bräu vorbei, in der auch Führungen angeboten werden. Am Ortsausgang liegt auf der rechten Seite noch ein Kleinod: die spätgotische Kapelle der Heiligen Dreifaltigkeit.

RATTELSDORF Die kleine Landstraße schlängelt sich am Fuß der Hügel durch die Auenlandschaft der Itz, der Grenze zwischen Unterfranken und Oberfranken. Hier wird ein eigener mainfränkischer Dialekt – Itzgründisch – gesprochen. Wir erreichen Helfenroth, das in Zaugendorf übergeht. Nach der Kläranlage geht es ein paar Meter aufwärts, bevor wir nach Freudeneck hinunter-

Am Marktplatz in Ebern

rollen. Auch hier erwartet uns ein Brauereigasthof. Der Ortsmittelpunkt von Höfen liegt wieder auf einer kleinen Anhöhe. Wir queren mit Schwung das Tal nach Rattelsdorf. Malerisch schmiegen sich die Reste der Oberen Mühle mit Biergarten an die sich hier teilende Itz. Wir fahren rechts in den Ort hinauf. Der Marktplatz mit der 1765 von Ferdinand Tietz geschaffenen Marienstatue und der Klosterhof mit der bis auf romanische Zeiten zurückgehenden Kirche St. Peter und Paul bilden die historischen Siedlungsschwerpunkte auf dem Plateau. Ein faszinierender Ort.

EBING Am Marktplatz stoßen wir auf den Mainradweg, dem wir nach links für den Rest der Tour folgen, zunächst Richtung Ebing/Lichtenfels. Am Kaulberg führt er über die Bundesstraße. Links stößt die Alternativroute auf dem Bahntrassenradweg aus Richtung Coburg wieder zu uns. Rechts genießen wir noch ein paar Meter ehemalige Bahntrasse. Wir bleiben auf dem Radweg auf der linken Fahrbahnseite. Am Ortseingang von Ebing müssen wir wieder auf die Straße. In der Ortsmitte geht es links. Auf Betonplatten kommen wir zur Landstraße, auf der es rechts weitergeht.

Tipp

EBENSFELDER SEE

Am Ende von Ebensfeld liegt malerisch ein See mit einer Halbinsel. Auf dem Badweg vor dem Ortsausgangsschild kommt man zum dortigen Naturbad mit sehr moderaten Preisen.

MAINAUEN Am Ortsrand von Zapfendorf erreichen wir den Main. Vor der Brücke führt der Mainradweg links durch die Mainauen. Hier beginnt der sogenannte Gottesgarten. Die grüne Ebene mit dem Flussband ist gesäumt von bewaldeten Hügeln zu beiden Seiten. Ein perfektes Panorama, veredelt durch ehemalige Baggerseen. Wir streifen Unterbrunn und fahren auf dem Radweg an der linken Straßenseite nach Oberbrunn. Dort erwartet uns im Ortszentrum die rund um die Uhr zugängliche Fahrrad-Service-Station. Mittelpunkt von Oberbrunn ist die frei stehende barocke Kirche St. Laurentius. Dort rechts, dann links auf dem Radweg wenige Meter zur Staatstraße, an der uns ein Radweg auch über die Mainbrücke führt.

EBENSFELD Direkt nach der Brücke fahren wir – unverändert Mainradwegschildern folgend – links hinunter ans Ufer. Von dort leitet der Weg im Bogen hinein nach Ebensfeld. Am Bahnhof kommt man bei Interesse durch die neue Unterführung in den Ort jenseits der Bahnstrecke und ihrer Lärmschutzwände. Die Kirche Mariä Verkündigung im Pfarrhof am Kellbach stammt aus dem 17. Jahrhundert. Über die Kirchgasse erreicht man einige alte Häuser mit Brauereigasthof und Pizzeria. Das Bahnhofsgebäude mit Sandsteinquadern aus der Mitte des 19. Jahr-

INFO

TOURENCHARAKTER
Durchgehend asphaltierte Route auf Radwegen und kleinen Straßen mit kleinen Anstiegen

AUSGANGSPUNKT
Bahnhof Ebern; barrierefrei mit Parkplätzen

GPS-DATEN (STARTPUNKT)
50.094301, 10.796615

ENDPUNKT
Bahnhof Bad Staffelstein

ANFAHRT
Ebern ist Endstation der Agilis-Regionalbahn von Bamberg; Bad Staffelstein liegt an der Bahnlinie Bamberg-Bayreuth/Hof.

KOMBINIERBAR MIT
Tour 6

KARTE
KOMPASS Fahrradkarte 1:70 000, Blatt 3328 Nürnberg, Bamberg, Steigerwald

ABKÜRZUNG(EN)
Mit den Bahnhöfen Zapfendorf und Ebensfeld kann man die Strecke um rund 15 oder 7 Kilometer verkürzen.

EINKEHR
Gasthaus am Schloss Rentweinsdorf
Sonnen-Bräu mit Brauereiführungen Mürsbach (www.sonnen-braeu.de)
Brauereigasthof Fischer Freudeneck (www.hahnerla.de) Biergarten
Obere Mühle Rattelsdorf (www.biergarten-obere-muehle.de)
Zur Goldenen Krone Rattelsdorf (www.zur-goldenen-krone.com)
Eiscafé Venezia Bad Staffelstein (www.venezia-staffelstein.de)

Mittel | 35 km | 160 Hm | 3.30 Std.

hunderts musste vor wenigen Jahren der ICE-Trasse weichen. Die Bahnhofstraße führt uns wieder aus dem Ort heraus, vorbei am wunderschönen Ebensfelder See mit Naturbad.

BAD STAFFELSTEIN Wir kommen durch das kleine Dorf Niederau. Etwas außerhalb führt der Mainradweg an der Monumentalskulptur River des bulgarischen Bildhauers Ilia Varbanov vorbei. Eine Schutzhütte direkt daneben macht die Location zum perfekten Rastplatz. Sein Name Veitsbergblick bezieht sich auf den Gipfel, der im Osten 200 Meter über den Gottesgarten ragt. Kurz darauf erreichen wir die nächste Monumentalskulptur aus Bucher Sandstein. Das Werk des deutschen Künstlers Manfred Reinhart heißt »Fließende Begegnung«. Vor der Skulptur unterquert der Radweg rechts die ICE-Strecke, um kurz darauf über die Staatsstraße geradeaus und an der alten Bahnlinie entlang zum Bahnhof von Bad Staffelstein zu leiten. Bei Bedarf ist man in 40 Minuten Zugfahrt mit Umstieg in Breitengüßbach zurück in Ebern.

DIE ELSAVA UND SCHLOSS MESPELBRUNN

Bahntrassen zu Wirtshäusern im Spessart

Das Wasserschloss von Mespelbrunn wurde auch durch den Spielfilm »Das Wirtshaus im Spessart« mit Liselotte Pulver zu einem beliebten Ausflugsziel. Auf dem Bahntrassenradweg im Elsavatal kann man es vom Main aus leicht erreichen.

Heimatmuseum und Kirche in Elsenfeld

8

Gruftkapelle der Grafen von Ingelheim

ELSENFELD Der Bahnhof Obernburg-Elsenfeld liegt auf der Elsenfelder Mainseite. Wir starten auf der Bergseite am musealen Holzpavillon der Dampfmaschine von 1911. Mit zwei Kilometern Umweg kann man den Radweg parallel zur Bahnstrecke nehmen und so einen Schlenker zur Elsavamündung mit kleinem Sandstrand und zum Ortszentrum machen. Dort lohnt sich die Fahrt bis zur Barockkirche St. Ubaldis und Gertrudis von 1767. Auf der Rückfahrt kommt man am Elsavapark mit Sport- und Freizeitmöglichkeiten vorbei. Der direkte Weg dagegen führt vom Bahnhof auf der Bahnhofstraße von den Gleisen weg. An der ersten Querstraße rechts der Radbeschilderung nach. Wir folgen den Schildern zum Freizeitbad Elsavamar. Das lassen wir rechts liegen und fahren links um die Schule herum Richtung Eschau.

BAHNTRASSE Schon zweigt links unverkennbar die alte Bahntrasse ab, der wir im Elsavatal bis zum ehemaligen Endbahnhof Heimbuchenthal weitgehend folgen. Wo von 1910 bis 1968 Züge der Spessart- oder Elsavatalbahn fuhren, können wir überwiegend auf Asphalt durch das schmale, meist bewaldete Tal rollen. Hier und da sind am Rand Markierungssteine der KBE, der Königlich Bayerischen Eisenbahnen, zu sehen. Rechts liegen Reste des Bunkers 301 der Wetterau-Main-Tauber-Stellung von 1936/37. In Rück-Schippach kommen wir erstmals direkt an die Elsava, die auch Elsenfeld ihren Namen gab. Der ursprüngliche Name Elsapha bedeutet »ein von Erlen bestandener Wasserlauf«.

KLOSTER HIMMELTHAL Die Bahntrasse verläuft nun etwas oberhalb der Straße. An einer kleinen Raststation mit der bizarren Edelstahlskulptur »Hoffung«, der Station eines Rückbesinnungswegs, schauen wir aufs Kloster Himmelthal hinunter. Die ehemalige Zisterzienserinnenabtei wird als Berufsbildungsstätte mit Internat genutzt. Eine Besichtigung der barocken Wallfahrtskirche St. Sebastian im Kloster ist nur per Führung durch Margaretha Hartig (Tel. 060 22/ 62 33 97) möglich. Oder man heiratet dort.

ESCHAU UND SOMMERAU Bald kreuzt der Radweg zweimal die Talstraße. Am Kreisverkehr liegt auf der Nordseite Wasserschloss Sommerau, eine romantische Renaissanceanlage. Auf der Südseite kann man zweimal rechts in den Ort zum Alten Rathaus, einem Fachwerkbau mit Erker, samt Schwedenbrunnen von 2010 und hinauf zur Epiphaniaskirche aus dem 15. bis 18. Jahrhundert. Unter dem spätgotischen Kreuzrippengewölbe steht ein ungewöhnlicher Kanzelaltar, und ein knieender Engel trägt das Taufbecken. Am Ortsausgang führt unser Weg abseits der ehemaligen Bahntrasse auf einer kleinen Straße am Hang auf der Südseite des Tals durch Unteraulenbach nach Hobbach. Das Renaissancewasserschloss Oberaulenbach liegt einen Kilometer und 50 Höhenmeter rechts den Rosselbrunngraben hinauf.

HOBBACH UND EISENHAMMER Wenn die Dorfstraße an einer Rokokokirche mit modernem Anbau nach links abbiegt, stoßen wir wieder auf die Bahntrasse, der wir weiter

↑ Edelstahlskulptur Hoffnung beim Kloster Himmelthal
↗ Alte Lokomotive in Heimbuchenthal
→ Filmlegende Schloss Mespelbrunn

aufwärtsfolgen. Eine E-Bike-Ladestation steht am Abzweig links vor dem Spessarter Hof. Der Radweg ist nicht mehr asphaltiert, trotzdem gut zu befahren. Vorbei geht es an der Kapelle Maria am Weg von 1997 und dem Schullandheim. Das 1767 als Eisenhammerwerk gegründete Bauwerk war zwischenzeitlich Kursanatorium. Nach dem nächsten ehemaligen Hammerwerk, dem Neuhammer, verläuft die Bahntrasse nah an der Straße und vorbei am dritten Eisenhammerwerk, dem Höllhammer. Um 1830 lebten rund 100 Menschen hier. Die Elsava schlängelt sich jetzt rechts der Radstrecke dahin.

Tipp

AUTOBAHN-ANREISE

Wer mit dem Auto kommt, startet besser am Schloss Mespelbrunn. Das liegt in der Nähe der Autobahnausfahrt Weibersbrunn (A 3).

HEIMBUCHENTHAL In Heimbuchenthal endet der Bahntrassenradweg. Eine Lok erinnert an den früheren Endbahnhof. Nach dem Kurpark geht es links zur Hauptstraße und auf dieser rechts. Auf den letzten drei Kilometern müssen wir ein Drittel der 150 Höhenmeter zwischen Start und Ziel bewältigen. Am Ortsende beginnt ein Radweg am linken Straßenrand. So sehen wir links die schöne Adventure-Golfanlage.

SCHLOSS MESPELBRUNN In Mespelbrunn müssen wir wieder auf die Straße. Weiter durch den Ort kommt man im Tal nach sechs Kilometern zur Elsavaquelle. Zum Schloss Mespelbrunn geht es gleich rechts am Krebsbach entlang. Rechts liegt erhöht die neuromanische Gruftkapelle der Grafen von Ingelheim. Die Familie von Ingelheim kam in den Besitz von Mespelbrunn durch Heirat mit der Freiin Maria Ottilia Echterin von und zu Mespelbrunn und nahm daraufhin den Namen von Ingelheim genannt Echter von und zu Mespelbrunn an. Das Schloss geht bis auf das 15. Jahrhundert zurück. Obwohl der Südflügel von der Familie bewohnt wird, ist es von Karfreitag bis Allerheiligen zu besichtigen. Das nehmen jährlich rund 100 000 Besucher wahr. Der Spielfilm »Das Wirtshaus im Spessart« mit Liselotte Pulver trug wesentlich zu seiner Bekanntheit bei. Die Anlage des Wasserschlosses im engen Tal wirkt außerordentlich romantisch. Zurück an der Hauptstraße kann man an der Haltestelle mit dem Bus nach Aschaffenburg fahren. Autofahrer können ihre Räder hier abstellen und später abholen. Oder man radelt hinunter zurück zum Start.

INFO

Leicht | 22 km | 200 Hm | 3.00 Std.

TOURENCHARAKTER
Meist asphaltierter Bahntrassenradweg, teilweise auf Straßen und nicht asphaltiertem Radweg; leicht ansteigend

AUSGANGSPUNKT
Bahnhof Obernburg-Elsenfeld; mit Treppen und Parkplatz

GPS-DATEN (STARTPUNKT)
49.840556, 9.154618

ENDPUNKT
Bushaltestelle Abzweig Schloss in Mespelbrunn

ANFAHRT
Mit Regionalzügen nach Obernburg-Elsenfeld von Aschaffenburg oder Miltenberg aus; Rückfahrt ab Mespelbrunn mit Bus Linie 40 nach Aschaffenburg (Fahrradtransport So ganztägig; Sa ab 14 Uhr, Mo-Fr ab 19 Uhr; sonst nach Ermessen des Fahrers; nur 1 Stellplatz)

KARTE
ADFC-Regionalkarte 1:75 000, Spessart/Main/Odenwald

EINKEHR
Wirtshaus Zur Binse mit Biergarten (www.zur-binse-elsenfeld.de)
Landgasthof Grüner Hahn in Rück-Schippach mit Biergarten (www.gruener-hahn.com)
Gasthaus Zum Löwen Eschau (www.zum-loewen-eschau.de)
Spessarter Hof Hobbach (www.spessarter-hof.de)
Fränkischer Landgasthof Elsavatal Mespelbrunn
Eispavillon Bistro Roth Mespelbrunn (www.eispavillon-roth.de)
Restaurant im Rügers Forstgut (www.ruegers-forstgut.de)

Barockkirche in Amorbach

9

DURCH DEN ODENWALD ZUM MAIN

Von Walldürn via Amorbach nach Miltenberg

Auf den Höhen des östlichen Odenwalds startet die Tour in Walldürn mit seiner Blutwallfahrt. Die rasante Talabfahrt führt durch die Barockstadt und Benediktinergründung Amorbach. An der Mud geht das Downhillbiken weiter bis zum Main bei Miltenberg.

BLUTWUNDER WALLDÜRN Vom Bahnhof aus stoßen wir auf der Eisenbahnstraße zum Kreisverkehr vor und fahren mit dem 3-Länder-Radweg, dem wir im Wesentlichen folgen, rechts hinunter ins Zentrum von Walldürn. Links steht die Wallfahrtsbasilika St. Georg, auch Wallfahrtsbasilika zum Heiligen Blut genannt, 1698 bis 1728 erbaut. Hier wird ein Wunder mit dem Wein der Messfeier aus dem Jahr 1330 verehrt. Wallfahrtsziel ist der Blutaltar mit Schrein im linken Seitenschiff. Rund 100 000 Wallfahrer kommen jedes Jahr an einem Samstag Mitte September, auch per Fahrradwallfahrt. Devotionalienläden, Elfenbein- und Wallfahrtsmuseum runden das Ambiente ab. Östlich der Stadt liegt ein römisches Kastell. Es war Teil des Limes, der über die Höhen zum Main bei Miltenberg führte. Der Limesradweg wird dagegen auf unserer Route durchs Tal geleitet.

RIPPBERG Die Radbeschilderung Richtung Amorbach führt uns hinunter ins Marsbachtal. Rechts lohnt das frei zugängliche Beobachtungsgehege, das sich als Entschleunigungsinsel im Nordosten des Naturparks Neckartal-Odenwald versteht, eine Pause. In Rippberg sehen wir rechts die ehemalige Pfarrkirche St. Sebastian von 1591 und jenseits des Marsbachs ihre neugotische Nachfolgerin. Wir queren den Eiderbach, der von links ins Tal schießt, und sehen eine Eisengießerei. Nun verläuft der Radweg am Südwesthang grandios durch Wiesen. Unten am Bach liegt eine der vielen ehemaligen Mühlen.

SCHNEEBERG Wir queren die Grenze von Baden-Württemberg nach Bayern. Am Ortseingang von Schneeberg kommen wir zwischen Sportplätzen nah an den Marsbach. Schilder und Markierungen auf Asphalt leiten uns durch den Ort. Im Zentrum sieht man die Wallfahrtskirche Mariä Geburt. Nun kreuzen wir den Marsbach kurz vor seiner Mündung in den Saubach. Wir werden auf den Radweg an der linken Seite der Bundesstraße geführt. Rechts dominiert ein Faserplattenwerk. Ebenso elegant werden wir von der B 47 weggeführt und von einem stilgerechten Schild der Barockstadt Amorbach begrüßt.

AMORBACH Schnurstracks geht es ins historische Zentrum, wo die Radwegbeschilderung uns bei Gangolfs Apostelstüble schon nach rechts ableiten will. Aber die hochkarätigen Attraktionen liegen links. Dort führt die Kellereigasse an der Zehntscheuer von 1488 vorbei. Am Ende wieder links auf die Abteikirche zu. Wir radeln links um die Anlage

Tipp

AMORBACH-FÜHRUNGEN

Auf der Website der Stadt Amorbach sind unterschiedliche Angebote zu Führungen verlinkt, auch mit Musik-, Theater- und anderen Genusselementen (amorbach.de).

Wallfahrtsbasilika zum Heiligen Blut in Walldürn

des ehemaligen Benediktinerklosters herum, das seit 1803 den Fürsten zu Leiningen gehört. Am Ende gelangen wir durch ein Tor zur Westfront des Konventsbaus (1783 bis 1786) am Schlossplatz. Bei Führungen bekommt man auch den frühklassizistischen Grünen Saal sowie die umfangreiche Bibliothek der Fürstenresidenz zu sehen. Die ehemalige barocke Klosterkirche mit Rokokostuck und einer der größten erhaltenen Barockorgeln wurde 1861 evangelisch. Amorbach war im 8. Jahrhundert eine der ersten Klostergründungen in Mainfranken. Sie sollte die kaum besiedelten Waldgebiete des östlichen Odenwalds erschließen. Cafés, Weinstuben und Minigolf am Seegarten machen Amorbach zur idealen Pausenstation. Das Templerhaus als ältestes Fachwerkhaus Bayerns liegt etwas westlich. Durch den Ortskern fahren wir zur spätbarocken Kirche St. Gangolf mit ihren Buntsandsteinquadern. In der dreischiffigen Hallenkirche sind Deckenmalereien und eine weitere gigantische Orgel zu bewundern. Am Ende des Kirchplatzes kommen wir links in der Bahnhofstraße wieder auf den offiziellen Radweg. Wir sehen das Eisenbahnmuseum Gleis 1, das nur an wenigen Tagen geöffnet ist. Das bekannte Teekannenmuseum ist derzeit geschlossen.

NUR MUD Durchs Mudtal rollen wir hinunter zum Main. Rechts sehen wir auf dem Gotthardsberg die Ruine eines Zisterzienserinnenklosters. Mit der Bundesstraße werden wir über die Bilbachmündung geführt. Vor Weilbach kommen wir auf einer Brücke über die B 47 und die Bahnstrecke. Im Ort fällt mitten auf einer Kreuzung der Dreiröhrenbrunnen aus rotem Sandstein von 1853 mit Reliefs auf. Wir kreuzen den Weilbach. Nach dem Ort geht die Fahrt zunächst parallel zur Breitendieler Straße an der Bahn entlang.

↓ Miltenberg: Mainzer Tor ...
→ ... Laurentiusbrücke ...
↘ ... und Marktplatz

INFO

TOURENCHARAKTER
Fast durchgehend asphaltierte Strecke mit viel Gefälle durch Wald und Wiesen, auf Rad- und Wirtschaftswegen sowie kleinen Straßen

AUSGANGSPUNKT
Bahnhof Walldürn; barrierefrei mit Parkplätzen

GPS-DATEN (STARTPUNKT)
49.578217, 9.367075

ENDPUNKT
Bahnhof Miltenberg; barrierefrei

ANFAHRT
Die Madonnenlandbahn der Westfrankenbahn pendelt stündlich zwischen Seckach und Miltenberg via Walldürn; der Bahnhof Miltenberg bietet daneben Regionalbahnverbindungen nach Aschaffenburg bzw. Wertheim/Lauda/Crailsheim.

KOMBINIERBAR MIT
Tour 1

KARTE
ADFC-Regionalkarte 1:75 000 Spessart/Main/Odenwald

ABKÜRZUNG(EN)
Dank der parallel fahrenden Madonnenlandbahn kann man die Strecke mit den Bahnhöfen Breitendiel, Weilbach, Amorbach, Schneeberg und Rippberg variieren.

Leicht | 28 km | 60 Hm | 2.30 Std.

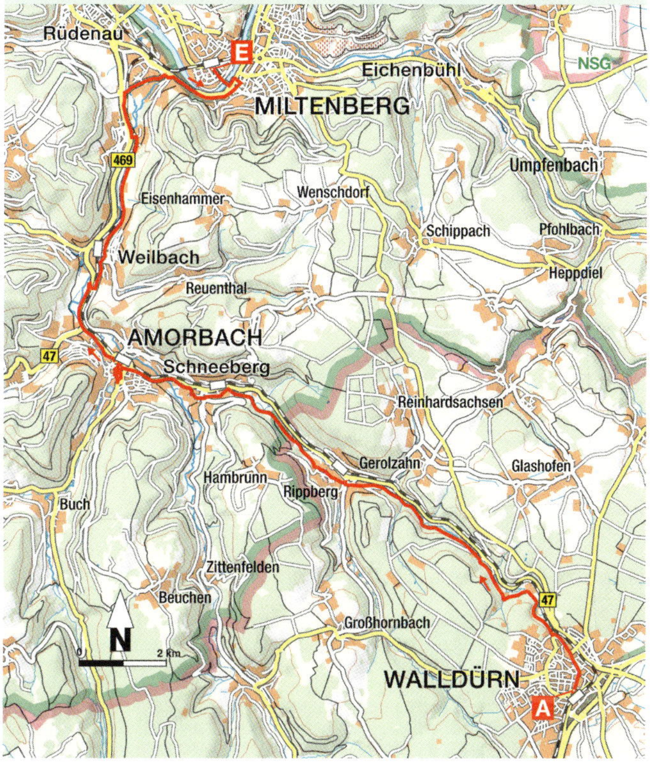

EINKEHR
Gasthaus zum Burgtörle Walldürn (www.burgtoerle.de)
Café Schloßmühle Amorbach (www.schlossmuehle-amorbach.de)
Zahlreiche Cafés, Eiscafés, Restaurants, Pizzerien und Imbissstuben in Miltenberg

MILTENBERG Auf der historischen Laurentiusbrücke überqueren wir letztmals die Mud. Es folgt die Laurentiuskapelle am Friedhof. Durch das Mainzer Tor von 1403, auch Spitzer Turm genannt, kommen wir in die Altstadt von Miltenberg. Wir fahren halb rechts durch die historische Altstadt und sehen oberhalb die um 1200 erbaute Mildenburg mit ihrem Museum zu Ikonen und moderner Kunst. Der ansteigende Marktplatz mit seinen Fachwerkhäusern ist der Höhepunkt des lang gestreckten Orts mit einzigartigem Charme. Am Renaissancegasthaus Zum Riesen, in dem Kaiser Barbarossa zu Gast war, halten wir uns links. In Sichtweite des Würzburger Tors fahren wir durch die Ankergasse hinab zum Fluss. Flussaufwärts liegt das Hallenfreibad. Durch das klassizistische Torhaus kommen wir auf die Mainbrücke und fahren geradeaus zum Bahnhof, der 280 Meter tiefer als der Startpunkt liegt. Die Bahn bringt uns in gut 30 Minuten zurück auf die Höhe Walldürns.

IN DER FRÄNKISCHEN TOSKANA

Am Ellerbach zum Schloss Seehof

Im Osten von Bamberg erstreckt sich die Fränkische Toskana mit dem Ellertal als idealer Radstrecke. Die Route führt bis Tiefenellern am Fuß des Steilabfalls des Fränkischen Jura und zurück mit einem Schlenker zum Schloss Seehof hinunter zur Regnitz.

10

Zufahrt auf Schloss Seehof

↑ Malzfabrik Weyermann in Bamberg
→ Orangerie mit Memmelsdorfer Tor von Schloss Seehof

RAUS AUS BAMBERG Wir starten auf der Nordseite des Bamberger Bahnhofs am ersten bayerischen Fahrradparkhaus, dem Radhaus im denkmalgeschützten Gebäude von 1842. Hier fahren wir rechts Richtung Südosten, am Ende links, rechts und wieder links auf die breite Ausfallstraße. Die Starkenfeldstraße hat einen durchgehenden Radweg. Besonders schön strahlt die grün-gelbe Fassade des Bambados, des Familienschwimmbads mit Sauna- und Fitnessbereich. Daneben hat das Fuchs-Park-Stadion viel vom Charme seiner Bauzeit im Jahr 1926 erhalten. An der nächsten Kreuzung wird das Radeln noch angenehmer. Der Radweg verläuft erst im und dann am Wald parallel zur Straße. Rechts liegt der Bischofsgraben, den wir vor der Autobahnunterquerung kreuzen.

KUNIGUNDENRUH Nach drei Kilometern Strecke haben wir das Stadtgebiet hinter uns gelassen. Im Wald geht es auf exzellentem Asphalt etwas stärker bergauf zum Kunigundenruhstein. Er diente auf dem Weg zum Bamberger Markt dem Abstellen von Rückenkörben. Daneben ist auf zwei barocken Bildstöcken, den Kunigundenmartern, eine Legende des Bamberger Bistumsgründerpaars, Kaiser Heinrich II. und Kunigunde, dargestellt. An der nächsten kleinen Querstraße liegt rechts die schöne Anlage Schützenhaus Kunigundenruh mit Hartmanns Biergarten. An der nächsten Kreuzung hat man nun die Wahl: Man kann halb links auf Asphalt an der Straße bleiben. Unsere Route führt dagegen schräg halb rechts mit dem Fränkischen Marienweg und dem Hochweg Fränkische Schweiz in den Wald Richtung Litzendorf. Auf dem Waldweg geht es minimal bergauf und dann lange leicht bergab nach Pödeldorf. Im Ort führen uns Kunigundenruh- und Kirchstraße bis zur Hauptstraße im Tal, die hier Frankenstraße heißt.

LITZENDORF Auf dieser gelangen wir rechts in den Ortsteil Naisa. An der Kreuzung fahren wir geradeaus in die Naisaer Straße und mit dem Radschild links in den schmalen Tanzwiesenweg. Kurz vor der Geisfelder Straße folgen wir der Radbeschilderung mit einem Schlenker nach links, vorbei an der Touristinformation Fränkische Toskana. Wir sind in Litzendorf, das wir auf der Rückfahrt noch näher kennenlernen.

ELLERTAL Zunächst queren wir die Geisfelder Straße und fahren dem Hochweg Fränkische Schweiz und dem selbsterklärenden

↑ Skulptur der Mondgöttin Selena

→ Schloss Seehof: Ostfassade im Morgenlicht

Logo der oberfränkischen Brauereien- und Bierkellertour folgend Richtung Tiefenellern. Am linken Straßenrand taucht der Ellerbach, auch Ellernbach genannt, auf. Die Auffahrt bewältigen wir am südlichen Hang über dem Ellertal, begleitet von Monumentalkunstwerken und religiösen Artefakten. Nun kommt die Fränkische Toskana mit ihren bewaldeten Höhenzügen und der lieblichen Juralandschaft voll zur Geltung. Wenn der Radweg kurz vor Lohndorf fast wieder an der Straße ist, folgen wir ausnahmsweise nicht dem Radschild links, sondern radeln rechts um das Flurdenkmal der Ammonit auf dem kleinen Weg nach Lohndorf hinein. Der Brauereigasthof Hölzlein bietet Vollbier vom Fass und hausgemachte Brotzeiten. Richtung Kirche mit der barocken Andreaskapelle wird es etwas steiler. Dann folgt die Brauerei Reh mit Werksverkauf. Direkt danach beginnt der Radweg neben der Straße.

Tipp

TIEFENELLERN-HIGHLIGHTS

Höhepunkte im Jahreskreis von Tiefenellern sind die Kirchweih am 2. August-Wochenende und der Bockbieranstich am 3. Freitag im Oktober.

TIEFENELLERN Die Atmosphäre von Tiefenellern wird bestimmt von verfallenen Gehöften und der Brauerei Hönig vor der zentralen Kapelle. Oberhalb von Bierproduktion und Gasthof öffnet sich ein Biergarten mit Blick in die Fränkische Toskana. Wir sind am höchsten Punkt der Tour. Es sei denn, man will den Ellerberg hinauf zur 160 Meter höher gelegenen Jungfernhöhle. Die Karsthöhle diente schon in der Steinzeit als Kultort, bei dem es auch zu Totenritualen kam. Zurück fahren wir nun auf der nördlichen Talseite mit völlig neuem Blick auf die Landschaft.

LITZENDORF Beim Erreichen von Litzendorf folgen wir nicht den Radwegschildern auf die Hauptstraße, sondern biegen rechts ein in die (Schein-)Sackgasse Schimmelsgraben zur Kirche St. Wenzeslaus. Sie wurde 1715 bis 1718 von Barockbaumeister Johann Dientzenhofer geschaffen. Die Front zur Straße hin mit Reliefs vor leuchtend goldgelben Eisensandsteinquadern ist eine Pracht. Danach radeln wir hinunter zur Hauptstraße.

Von dieser zweigen wir vor dem Ortsschild Naisa rechts auf die Straße Am Kayweg ab.

SCHLOSS SEEHOF Dem teils renaturierten Gründleinsbach folgen wir auch beim Erreichen der Landstraße rechts auf dem Radweg. Monumentalskulpturen säumen den Weg. Rund 20 Meter gewinnen wir an Höhe, bis am Rand von Memmelsdorf Schloss Seehof, ehemalige Sommerresidenz und Jagdschloss der Bamberger Fürstbischöfe, auftaucht. Die faszinierende Rokokoanlage mit Kaskade, Orangeriegebäuden und großen Gärten bildet ein großartiges Ensemble. An der Nordwestecke der Anlage kommen wir zum Radweg an der Staatsstraße. Sanft geht es knapp fünf Kilometer hinunter. Vor der Bahnunterführung biegen wir an den imposanten Gebäuden der Malzfabrik Weyermann mit betörendem Duft links ab. Führungen ohne Anmeldung beginnen mittwochs um 14 Uhr am Craft Beer Fan Shop. Die Brennerstraße bringt uns zurück zur Rückseite des Bahnhofs von Bamberg, der Bierhauptstadt Deutschlands.

INFO

Mittel | 30 km | 230 Hm | 3.30 Std.

TOURENCHARAKTER

Überwiegend asphaltierte Radwege mit einzelnen Passagen im Wald, auf Pflastersteinen und Aschewegen

AUSGANGS-/ENDPUNKT

Bahnhof Bamberg; vollständig barrierefrei mit Parkplätzen

GPS-DATEN (STARTPUNKT)

49.901035, 10.900878

ANFAHRT

Zugverbindungen in alle Richtungen

KOMBINIERBAR MIT

Tour 24

KARTE

KOMPASS Fahrradkarte 1:70 000, Blatt 3328 Nürnberg, Bamberg, Steigerwald

ABKÜRZUNG(EN)

Wer den Weg nach Tiefenellern weglässt, kann von Litzendorf aus Schloss Seehof ansteuern und spart rund 10 Kilometer.

EINKEHR

Hartmanns Biergarten Litzendorf
Brauereigasthof Hölzlein Lohndorf
Brauerei Hönig Tiefenellern
Restaurant-Café Schloss Seehof (www.schloss-seehof.com)

Blick vom Baunachtal auf die Baunacher Altstadt

11

IM IDYLLISCHEN LAUTERGRUND

Burgen und Schlösser in den Haßbergen

Vom Main geht's am Ebelsbach über eine kleine Anhöhe in den Haßbergen. Die Abfahrt folgt der Lauter bis zur Baunach. Schnapsbrennereien sind hier im Grenzbereich zwischen Wein- und Bierfranken zu finden. Daneben Ruinen, Jagd- und Wasserschlösser.

EBELSBACH Vom Bahnhof Ebelsbach-Eltmann fahren wir rechts unter der Brücke hindurch. Am Wegrand liegen Ruinen des 2009 niedergebrannten Renaissanceschlosses. Rechts um die Ecke kommt man zur erhalten gebliebenen spätgotischen Schlosskapelle mit barocker Inneneinrichtung. Wir aber radeln geradeaus durch Ebelsbach und kommen in den Ortsteil Gleisenau mit einer weiteren Schlossanlage. Zur Straße hin sind nur Fassaden samt Kirchenfront zu sehen. Erst am Ende erreichen wir die Einfahrt zum großzügigen Park, in dem sich der eigentliche Schlossbau erhebt. Man kann erahnen, dass es einst ein Wasserschloss war.

NEUBRUNN Nach dem Ende der Schlossparkmauer und der Überquerung des Ebelsbachs zweigt von der Hauptstraße links ein Radweg Richtung Neubrunn ab. Er führt uns am Bach entlang und bald parallel zur Straße auf allerfeinstem Asphalt. Wenn der Radweg endet, fahren wir links – jetzt auf der Straße – weiter nach Neubrunn. Der wunderschöne Talgrund des Ebelsbachs mit Schönbachsmühle und Paßmühle geht am Neubrunner Bach entlang etwas steiler hinauf in die Haßberge. Neun Quellen gibt es in Neubrunn. Eine davon speist am linken Straßenrand ein Kneippbecken mit Schutzhütte. Alternativ kann man sich in kleinen Schnapsbrennereien niederlassen. Die spätgotische Kirche grüßt oberhalb von Treppen. Eine Pause tut gut, denn es wird kurz noch ein bisschen steiler.

PETTSTADT Fast am Ortsende führt das Radwegzeichen links auf die Pettstadter Straße. Auf dem schmalen Weg erklimmen wir die letzten Meter. Zum Trost: Die Alternativstrecken wären noch steiler und höher. Auf der Anhöhe haben wir 150 Meter Höhe gegenüber dem Startpunkt in Ebelsbach bewältigt. Hier kreuzen wir einen 2500 Jahre alten Botenweg, den Rennweg. Er ist als Radweg markiert, allerdings nicht asphaltiert. Mit rund 100 Höhenmetern führt er parallel zu unserer Route am Hang entlang. Es gibt mehrere Querverbindungen zwischen beiden Strecken. Wir rollen auf Asphalt hinunter nach Pettstadt. An der Ecke zur kleinen Landstraße wartet der Gutshof Andres mit Restaurant und Brennerei.

↓ Schloss Gleisenau
→ Der Ebelsbach

Tipp

TÖPFERKUNST

Zu Beginn des Ortskerns von Lauter liegt die Töpferei Tonart. Sie bietet Keramik zum Kauf. Bei Interesse und Voranmeldung sind auch eigene Versuche an der Töpferscheibe möglich.

KIRCHLAUTER Auf der Landstraße fahren wir weiter bergab nach Kirchlauter. Dort überrascht auf der rechten Seite ein Wasserschloss. Die Anlage der Freiherren von und zu Guttenberg stammt aus dem 17. Jahrhundert und ist Privatbesitz. Schon von außen ist das imposante Gebäude, das nach wie vor von Wasser umgeben ist, außerordentlich beeindruckend. Gegenüber auf der anderen Straßenseite thront die Rokokokirche Mariä Himmelfahrt von 1752. Die Fresken sollen aus der Zeit um 1375 stammen und damit die ältesten in Franken sein. Zwischen Schloss und Kirche bietet sich das Gasthaus Zur Krone mit Biergarten zum Entspannen an.

LAUTERGRUND Eine verträumte Straße im Talgrund führt weiter bergab. Kurz vor Kottendorf stoßen wir auf eine neu ausgebaute Talstraße, die bald wieder schmaler wird. Am Ortsende von Deusdorf beginnt auf der rechten Straßenseite ein gut asphaltierter Radweg, der uns die letzten beiden Kilometer nach Lauter führt. Dort bleibt der Radweg auf der rechten Seite des Bachs, während auf der anderen Seite der Ortskern liegt. Am Ortsende beginnt auf der linken Straßenseite ein Radweg. Mit Bach, Straße und Radweg wenden wir uns an der großen Kreuzung in Appendorf links Richtung Baunach. Wir wechseln kurz auf die Straße, bevor am Ortsende ein Radweg auf der linken Straßenseite beginnt.

↓ Baunach: Kirchhof und ...
→ ... ehemaliges Jagdschloss
↘ Wasserschloss in Kirchlauter

INFO

TOURENCHARAKTER

Gut asphaltierte Radwege und kleine Straßen; zu Beginn ein längerer Anstieg

AUSGANGSPUNKT

Bahnhof Ebelsbach-Eltmann; Gleis 2 mit Zügen von Bamberg ebenerdig zu verlassen, sonst Treppe; auch Parkplätze

GPS-DATEN (STARTPUNKT)

49.982742, 10.67040

ENDPUNKT

Bahnhof Baunach; ebenerdig

ANFAHRT

Stündlich halten Regionalbahnen zwischen Bamberg und Schweinfurt/Würzburg in Ebelsbach-Eltmann; von Baunach kommt man ebenfalls stündlich zurück nach Bamberg.

KARTE

KOMPASS Fahrradkarte 1:70 000, Blatt 3328 Nürnberg, Bamberg, Steigerwald

Mittel | 29 km | 160 Hm | 3.00 Std.

EINKEHR

Gutshof Brennerei Andres (www.gutshof-andres.de)

Gaststätte Zur Krone Kirchlauter

Restaurant Zum Griechen Baunach (www.griechebaunach.com)

Concept Bike-Café Baunach (www.messingschlager.com)

Restaurant Rocus Baunach (www.restaurant-rocus.de)

Obwohl wir weiterhin im Lautertal radeln, ist die Strecke ein kleines bisschen hügelig.

BAUNACH Am Ende stehen wir in Baunach vor dem Alten Rathaus von 1744, um das wir halb rechts herum zum Marktplatz fahren. Er ist umgeben von alten Höfen. Ein griechisches Restaurant mit Pizzeria und Terrasse bietet sich für ein Ausklingen der Tour an. Dahinter liegt der Kirchhof mit ehemaligem Friedhof. Ein paar Meter weiter südlich mündet die Lauter in die Baunach. Wir fahren vom Marktplatz auf der Überkumstraße nach Norden am historischen Tor der Ersten Baunacher Export-Bier-Brauerei vorbei. Die Anlage ist zu einem Bürgerhaus umgebaut. Vom alten Turm hat man einen guten Blick auf den Ort. Am nördlichen Ortsrand liegen Produktionsstätten des Radfabrikanten Messingschlager. Das Concept Bike-Café kombiniert dort Radladen und Bistro. Schräg gegenüber des Brautors liegt das ehemalige fürstbischöfliche Jagdschloss, heute ein Seniorenzentrum. Nach dem Schloss kommen wir rechts über die Baunach zum Bahnhof. Das alte Bahnhofsgebäude ist mit dem Restaurant Rocus eine feine gastronomische Adresse. Hier kann man auch draußen sitzen. Eine Radfahrt nach Bamberg ist aus dieser Richtung leider nicht sonderlich attraktiv. Mit dem Zug ist man in etwa 30 Minuten via Bamberg zurück am Ausgangspunkt.

VOM KAHLTAL ÜBER DEN SPESSART

Zur Schneewittchenstadt Lohr am Main

Von Schöllkrippen geht's sanft hinauf zu den Quellen der Kahl. Im Wald wird es etwas steiler, bis wir die Spessart-Höhenstraße queren: Berg- und Waldluft garantiert. An Lohrbach, Aubach und Lohr rollen wir hinunter zum Schneewittchenstädtchen am Main.

12

Lohr: Kurmainzer Schloss mit Spessartmuseum

↑ Lukaskapelle in Schöllkrippen
↗ Eine der beiden Kahlquellen
→ Schneewittchen in Weiß

SCHÖLLKRIPPEN Nach der Fahrt mit der Kahlgrundbahn, dem »Bembel«, wenden wir uns an der Endstation rechts Richtung Ortskern. Wir überqueren die Kahl und biegen links auf den Marktplatz ab. Rechts liegt das Rathaus. Die Zweiflügelanlage des ehemaligen Schlosses mit Rundtürmen und Treppenturm im Winkel stammt aus dem 15. Jahrhundert. Links kommen wir an der spätgotischen Lukaskapelle, dem Wahrzeichen des Markts Schöllkrippen, vorbei. Schon befinden wir uns auf dem Kahltal-Spessart-Rad(wander)weg, der uns über den Hochspessart bis Lohr führt.

KAHLQUELLEN Hinter Großkahl mit der Mündung der Kleinen Kahl weist ein Schild nach links zur Wassertretanlage Kleinkahl. Infotafeln erinnern an den Kupfer-, Silber- und Erzabbau im Tal. Kurz darauf informiert am Radweg ein Schild über das Königlich-Bayerische Bergamt. Vor dem Weiler Bamberger Mühle steht eine neue Marienkapelle. Ein paar Meter oberhalb liegen links und rechts der Straße die beiden Quellbecken. Nach Wiesen und Weiden geht der Radweg Richtung Lohr um die rechte Quelle herum in herrlichem Buchenmischwald bergan. Der Untergrund ist geschottert.

ESELSHÖHE Auf der Höhe erreichen wir die Spessart-Höhenstraße, der wir nach rechts ei-

Tipp

NOCH MEHR KAHL

Wer die Tour ausdehnen oder in zwei Tagen fahren möchte, kann im Ort Kahl starten. So kommen im Kahlgrund 25 Kilometer und 180 Höhenmeter hinzu.

Radweg
im Spessart

nen halben Kilometer folgen. Die kurze Asphaltstrecke tut gut. Wir haben den höchsten Punkt der Tour erklommen. Der Gipfelgrat der Eselshöhe liegt 500 Meter über dem Meer. Die Abfahrt nach links schlängelt sich verstärkt durch Nadelwald hinab. Dann geht es rechts Richtung Lohr. Hier kommt auf einer langen Geraden der letzte längere Anstieg.

HEINRICHSTHAL AN DER SCHINDERSHÖH Am Ende sind wir wieder fast so hoch wie auf der Spessart-Höhenstraße. Rechts sehen wir über den Bäumen einen Fernmeldeturm auf dem Gipfel der Schindershöh (522 m). Wir fahren aber halb links, wo der Blick auf ein Hochplateau mit Wiesen frei wird. Wir queren die Straße und fahren hinunter nach Heinrichsthal, der höchstgelegenen Gemeinde im Spessart. Der Name geht zurück auf den ersten hiesigen Glasmacher: Heinrich Fleckenstein. Am tiefsten Punkt geht es rechts und am Friedhof links hinauf zur Georgskirche, einem Bruchsteinbau von 1834. Radschilder führen zuverlässig durch Ort und Wald.

HEIGENBRÜCKEN Im Tal der Kurzen Lohr erreichen wir – vorbei an den Pferdefreunden und einem Tretbecken – Heigenbrücken. Vor der neugotischen Kirche liegt rechts ein Unikum, die Moppedscheune von Jörg Schulisch. Schon im Schaufenster kann man einen Teil der bizarren Sammlung für Zweiradenthusiasten betrachten. Rechts liegt anderthalb Kilometer entfernt im Auengrund am Ende der Heinrichsthaler Straße ein Naturschwimmbad. Die Hälfte der Strecke durch den Hochspessart und die allermeisten Höhenmeter sind geschafft. Man kann fränkisch und italienisch essen oder das Café Vivendi wählen. Am Lohrbach geht die Abfahrt weiter. Rechts liegt der Bahnhaltepunkt von 2017 am Ende des Falkenbergtunnels. Die Tunnelröhren für Hochgeschwindigkeitszüge unterqueren die Eselshöhe. Am Bächlesbach kann man links einen knappen Kilometer zum Wildgehege, Walderlebnispfad mit Wasserspielplatz und Kletterwald mit Hochseilgarten hinaufradeln.

KROMMENTHAL Auf einem Damm fahren wir durch Feuchtgebiete und unterqueren das Viadukt der Main-Spessart-Bahn bei Neuhütten. Die Straße Spatgrube erinnert an den Abbau des »weißen Golds« Baryt, auch Schwerspat genannt. Wir befahren kurz die Straße, bevor der Radweg rechts in den Wald und erneut unter einem Viadukt weiterführt. Am Bahnhof Wiesthal mündet der Lohrbach in den Aubach. Der Kahltal-Spessart-Radweg führt noch einmal durch den Wald. Auf der anderen Talseite liegen die Burgruine Partenstein und der gleichnamige Ort. Vor der Mündung des Aubachs in die Lohr werden wir nach rechts abgeleitet in die Talwiesen.

LOHR AM MAIN Nach Unterquerung der Bundesstraße geht es links zum außerhalb gelegenen Bahnhof. Von dem aus bringt uns die Main-Spessart-Bahn in 100 Minuten mit Umstieg in Kahl zurück nach Schöllkrippen. Rechts geht es zum Kurmainzer Schloss mit Spessartmuseum sowie in die Altstadt mit Fachwerkhäusern und Renaissancerathaus am

INFO

Schwer | 46 km | 500 Hm | 6.30 Std.

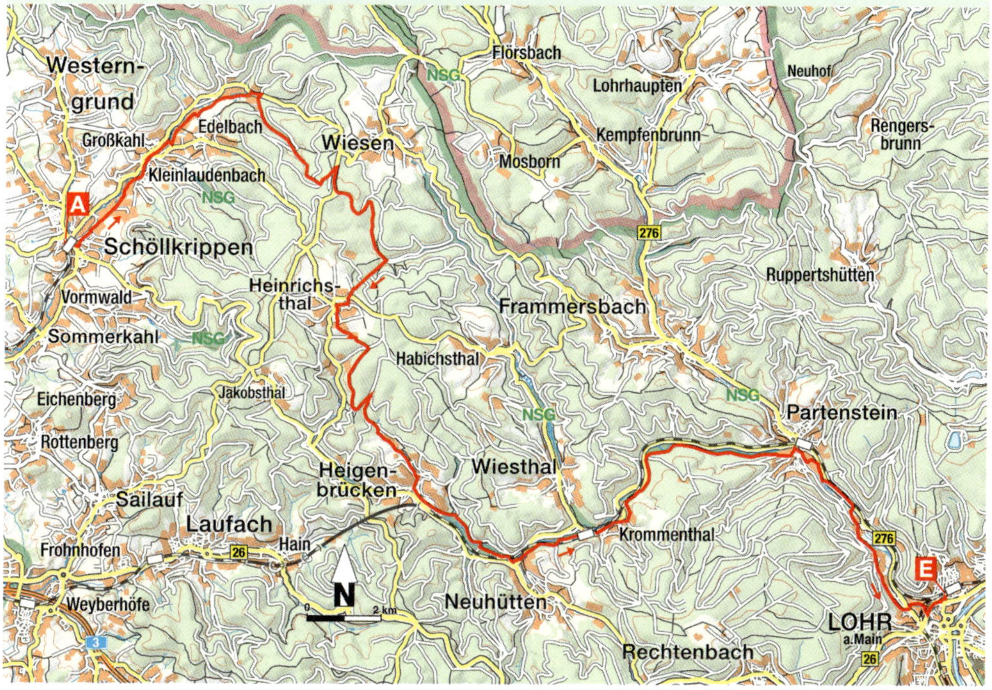

TOURENCHARAKTER

Schwere Tour mit Überquerung des Spessarts; meist Waldwege, knapp die Hälfte der Strecke asphaltiert

AUSGANGSPUNKT

Bahnhof Schöllkrippen; ebenerdig mit Parkplätzen

GPS-DATEN (STARTPUNKT)

50.086196, 9.244518

ENDPUNKT

Bahnhof Lohr; mit Treppen

ANFAHRT

Die Kahlgrundbahn fährt stündlich vom Hanauer Hauptbahnhof nach Schöllkrippen; vom Bahnhof Lohr geht's mit dem Regionalexpress nach Frankfurt bzw. Würzburg/Bamberg.

KARTE

ADFC-Regionalkarte 1:75 000, Spessart/Main/Odenwald

EINKEHR

Gasthof Zur frischen Quelle (www.zurfrischenquelle-heigenbruecken.de)
Café Bistro Vivendi Heigenbrücken (www.cafe-bistro-vivendi.de)
Gasthof Krone Lohr (www.krone-lohr.de)
Weinhaus Mehling Lohr (www.weinhaus-mehling.de)

Marktplatz. Am Kirchplatz findet sich eine Art Kirchenburg. Das Bruder-Konrad-Haus ist der umgebaute hochmittelalterliche Wohnturm der Grafen von Rieneck. Dank einer Stammtischidee in den 1980er-Jahren wird die Märchenfigur Schneewittchen seither in Lohr lokalisiert. Neben ihrer Silhouette am Schloss findet sich eine schneeweiße Schneewittchenfigur auf einer Parkbank südlich und eine bizarre Schneewittchenskulptur an der Stadthalle nördlich der Altstadt. Direkt am Fluss liegt das Main-Spessart-Bad.

Blick über den Main
auf Gemünden (Touren 14 und 15)

GROSSE ZUFLÜSSE

Flache Genussstrecken
an mächtigen Gewässern wie Tauber
und Fränkischer Saale

Altes Rathaus am Marktplatz von Tauberbischofsheim

13

IM LIEBLICHEN TAUBERTAL

Von Bad Mergentheim zum Kloster Bronnbach

Lieblich werden das Taubertal und sein Radweg genannt. Zu Recht. Diese Tour verbindet Perlen von Tauberfranken miteinander: Bad Mergentheim, Tauberbischofsheim und Bronnbach. Ganz Stürmische können auf dem »Klassiker« bis Wertheim an den Main durchfahren.

BAD MERGENTHEIM Aus dem Bahnhof rollend wenden wir uns links und wieder links über Gleise und die Tauberbrücke mit der spätgotischen Wolfgangskapelle mit Christopherusbild an der Flussseite. Hier verlief die mittelalterliche Handelsstraße nach Würzburg. Nach der Brücke geht es links tauberabwärts. Zuvor lohnt sich die Fahrt durch das Zentrum des Kurorts mit dem Münster St. Johannes Baptist, einst als frühgotische Pfeilerbasilika des Johanniterordens errichtet. Nah dabei ist der Marktplatz mit Altem Rathaus und Milchlingsbrunnen. An die Altstadt schließt sich östlich das Deutschordensschloss mit Museum an.

EDELFINGEN Richtung Tauberbischofsheim führen einige Radweglogos, insbesondere »Liebliches Taubertal – Der Klassiker«. Es gibt einen weiteren Tauberradweg. Unter dem Label »Liebliches Taubertal – Der Sportive« führt er über Höhen westlich des Tals. Auf dem »Klassiker« radeln wir unter der Bundesstraße auf einem neu asphaltierten Radweg zum Flussufer. Edelfingen war früher der Grenzort zwischen dem württembergischen Landkreis Mergentheim und dem badischen Landkreis Tauberbischofsheim. Vor einem halben Jahrhundert wurden sie zum Main-Tauber-Kreis vereint. Nach dem Ort haben wir die Tauberaue wieder für uns.

KÖNIGSHOFEN In Unterhalbach sind – rund ein Kilometer oberhalb am Halbach – auf dem jüdischen Friedhof mehr als 1000 Grabsteine erhalten. Die Radroute führt über die Brücke auf die westliche Seite der Tauber, auf der sie bis zu ihrem Ziel in Wertheim bleibt. Der Ortskern von Königshofen, das mit Lauda eine Doppelstadt bildet, liegt auf der östlichen Seite. Das Hohe Haus aus dem 15. Jahrhundert mit Fachwerkaufsatz diente dort früher als Amtshaus der Mainzer Herrschaft. Wir kommen auf der Eisenbahnstraße am Bahnhof Königshofen (Baden) entlang. Direkt hinter der Bahnunterführung muss man sich ein wenig anstrengen, um rechts fahrend auf die Höhe der Gleise zu kommen.

LAUDA Der Radweg überquert die Bahnhofstraße und führt hinter mehreren Gewerbebetrieben entlang. Links am Hang liegen das Terrassenfreibad und das Hallenbad mit Sauna. Als der Ort zu Beginn des 19. Jahrhunderts Baden zugeschlagen wurde, litten die Wirtschaftsbetriebe unter der Randlage. Erst als Lauda Kreuzungspunkt mehrerer Bahnlinien wurde, nahm die Entwicklung wieder Fahrt auf. Daran erinnert eine Dampflok als Denkmal nördlich des Bahnhofs. Zwischen Sparkasse und Schule sieht man sie rechts vor der Bahnstrecke. Die Bedeutung des Orts im Mittelalter lässt die Altstadt mit dem Rathaus von 1561 und Fachwerkhäusern aus der gleichen Zeit erahnen. Die ursprünglich gotische Jakobuskirche aus dem 14. Jahrhundert hat eine umfangreiche Barockausstattung. Daneben steht der Pulverturm als Rest der Stadtbefestigung.

WOLFGANGSKAPELLE Wir radeln nach dem Zentrum von Lauda entlang der Bahnstrecke und überqueren sie. So rollen wir zwischen Feldern und Wiesen parallel zur träge dahinfließenden Tauber. Sehr schön liegt die Wallfahrtskapelle St. Wolfgang. Sie wurde im 15. Jahrhundert gestiftet für Pilger auf ihrem Weg nach Sankt Wolfgang am Wolfgangsee. Seit 1472 findet am Pfingstmontag der Distelhäuser Pfingstritt zur Kapelle statt, bei dem Reiter, Kutschenfahrer und Pferde gesegnet werden. Die Kapelle ist als Radwegekirche ausgewiesen und sollte daher zuverlässig geöffnet sein. Distelhausen selbst liegt mit Brauhaus und Bauernhofmuseum wieder auf der anderen Tauberseite. Auch hier kommen wir hauptsächlich am Bahnhof des Orts vorbei. Das alte Bahnhofs-

Tipp

KLOSTERFÜHRUNGEN

Zum breiten Angebot in Bronnbach gehören Kindererlebnisführungen, kulinarische Führungen zu Kräuter, Wein und Musik, Pilgerweinproben und Rundwanderungen. Anmeldung notwendig.

gebäude am heutigen Haltepunkt ist in Privatbesitz. Danach unterqueren wir die A 81. Bevor wir Dittigheim erreichen, kommen wir am Friedhof mit einer Kapelle vorbei.

TAUBERBISCHOFSHEIM Durch Streuobstwiesen radeln wir herrlich auf Tauberbischofsheim zu. Direkt nach Unterführung der Bundesstraße fahren wir über den Brehmbach, dann links und wieder rechts auf den Dittingheimer Weg. An der nächsten Kreuzung macht der offizielle Tauberradweg einen Bogen von gut 500 Metern nach rechts zum solarbeheizten Freibad Frankenbad. Die nahe gelegene Altstadt mit der Stadtmitte ist dagegen geradeaus ausgeschildert. Diesen Weg nehmen wir und fahren so auf den Turm des Kurzmainzischen Schlosses zu.

Kloster Bronnbach

Nach 100 Metern müssen wir eine kleine Rampe hinaufschieben, an deren Spitze wir wieder den Tauberradweg erreichen. Das Kopfsteinpflaster stimmt auf die mittelalterliche Altstadt ein. Von der Stadtburg (13. Jh.) ist der Bergfried, genannt Türmersturm, erhalten. Das Kurmainzische Schloss (16. Jh.) rahmt ihn ein. Innen kann man das Tauberfränkische Landschaftsmuseum besuchen. Seit 2016 zieren Skulpturen des Mergentheimer Bildhauers Leo Wirth den Brunnen auf dem Schlossplatz. Im Mittelpunkt steht die Nachbildung der um 1510/20 von Tilman Riemenschneider geschaffenen Tauberbischofsheimer Madonna. Der Radweg führt an der neugotischen Martinskirche mit der Sebastianuskapelle links um den Kern der Altstadt herum. Man kann am Schloss auch rechts hinunterfahren und stößt an der ehemaligen Klosterkirche St. Lioba mit barocker Ausstattung ebenfalls auf den Marktplatz. Die Altstadt ist ein Höhepunkt der Romantischen Straße, die ebenfalls durchs Taubertal führt. Gegenüber der Liobakirche steht das neugotische Rathaus, an dem der Tauberradweg rechts vorbeiführt. So kommen wir zum Radweg an der Hauptstraße. Hier liegt rechts der legendäre Fecht-Club Tauberbischofsheim, dessen Sporthalle nach seinem Gründervater Emil Beck benannt ist.

GAMBURG Vor Hochhausen werden wir von der Straße ab zur Tauber geführt. Biergärten säumen die Strecke. Bei Niklashausen ist wiederum nur der Bahnhof auf unserer Seite. Wir fahren um den Schlossberg herum, auf dem wir bald die Gamburg oberhalb des gleichnamigen Orts sehen. Die Anlage mit Wehrturm (12. bis 16. Jh.) war kontinuierlich bewohnt, wurde nie zerstört und blieb im Bauernkrieg dank Götz von Berlichingen unversehrt. Seit 1980 gehört sie der westfälischen Adelsfamilie von Mallinckrodt.

INFO

TOURENCHARAKTER
Fast durchgehend asphaltierte Strecke, überwiegend auf Radwegen, mit gelegentlichen Anstiegen

AUSGANGSPUNKT
Bahnhof Bad Mergentheim; mit Treppen

GPS-DATEN (STARTPUNKT)
49.493451, 9.771740

ENDPUNKT
Bahnhof Bronnbach; ebenerdig

ANFAHRT
Mit der Taubertalbahn (stdl., am WE alle 2 Std.) Bad Mergentheim–Kloster Bronnbach–Wertheim/Aschaffenburg–Crailsheim; in Lauda Anschluss an die Strecke Würzburg–Heilbronn/Stuttgart

KOMBINIERBAR MIT
Tour 1 und 23

KARTE
KOMPASS Fahrradkarte 1:70 000, Blatt 3353 Würzburg, Frankenhöhe, Rothenburg

ABKÜRZUNG(EN)
Mit den Haltepunkten der Taubertalbahn in Königshofen, Lauda, Tauberbischofsheim, Hochhausen, Niklashausen und Gamburg kann man die Strecke verkürzen und variieren.

EINKEHR
Distelhäuser Brauhaus (www.distelhaeuser-brauhaus.de)
Hani's Grillhaus Tauberbischofsheim
Groasmückle Biergarten Hochhausen
Radler-Stüble Gamburg
Biergarten Schlupfe-Scheune (www.gruenerbaum-gamburg.de)
Restaurant Orangerie Kloster Bronnbach (www.kloster-bronnbach.de)

Mittel	40 km	350 Hm	5.00 Std.

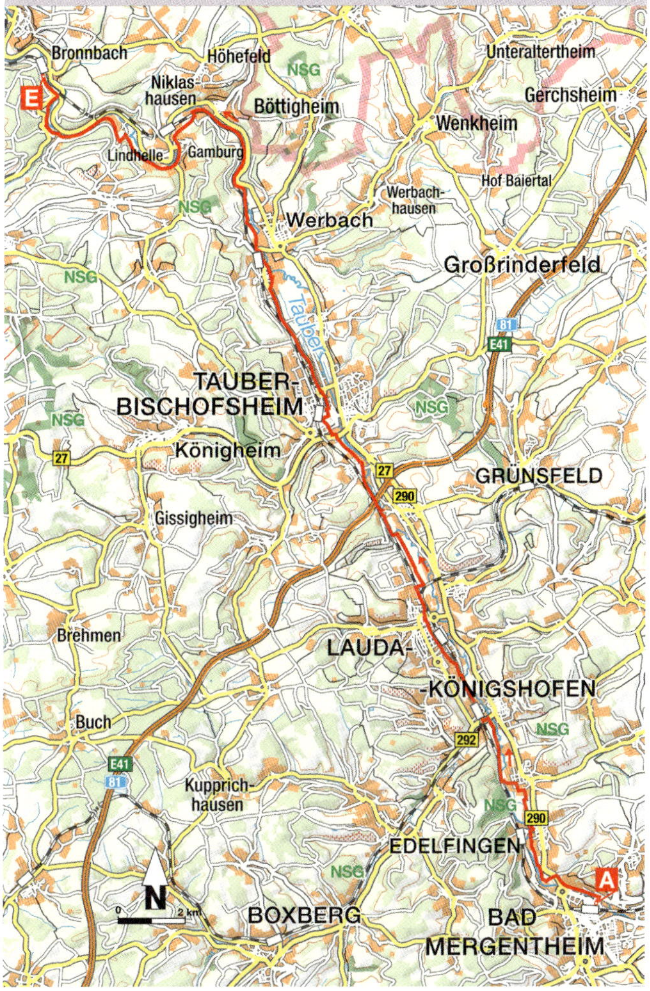

BRONNBACH Wir fahren am Fuß der waldigen Hänge entlang, bevor es auf Asphalt ein paar Meter links hinaufgeht. Am Amorsbach passieren wir eine Schutzhütte. Dann radeln wir oberhalb der Bahnstrecke. Rechts taucht die 1151 gegründete ehemalige Zisterzienserabtei Bronnbach mit spätromanisch-frühgotischer Klosterkirche und barocker Gartenanlage auf. Der Zielbahnhof liegt auf dieser Tauberseite. In einer knappen Dreiviertelstunde ist man mit dem Zug zurück in Bad Mergentheim.

AUF DEM SINNGRUND ZUM MAIN

Im Schachblumenparadies bei Burg Rieneck

Das Sinntal ist am östlichen Rand des Spessarts für Schachblumen wie für Radler ein Paradies. Gemächlich rollt man den schnuckeligen Sinngrund entlang durch das Naturschutzgebiet der Auen. Am Rand warten traditionsreiche Wasserschlösser und Burgen.

14

Wasserburg Burgsinn

JOSSA Der Bahnhof liegt südlich des Orts auf der Höhe. Man kann an der Straße direkt rechts flussabwärts ins Sinntal fahren. Wir rollen links unter der Bahnstrecke hindurch nach Jossa, der selbst ernannten Weltschnitzelhauptstadt. Nach Überquerung der Jossa liegt links der Landgasthof Zum Jossgrund mit eigener Metzgerei. Der Jossaradweg verläuft auf der Nordseite des Jossgrunds zur Quelle bei Burg Beilstein.

SINNGRUND Wir nehmen direkt nach der Brücke rechts den Fuß- und Radweg. Erneut fahren wir unter dem mächtigen Eisenbahnviadukt hindurch, lassen das Klärwerk links liegen und fahren geradeaus. An der Mündung der Jossa nehmen wir die wenigen Stufen der Holzbrücke über die Sinn und kommen mitten durch die Wiese zum anderen Talrand. Auch der Schachblumenweg ist hier beschildert. Die vom Aussterben bedrohten Schachblumen sind hier gut zu finden. Tausende Blüten verwandeln im Frühjahr die Sinntalwiesen in eine einzigartige Landschaft. Vorsicht: Sie sind giftig. Auch die Route Vom Main zur Rhön, ein 263 Kilometer langer Rundkurs von Gemünden aus in die Rhön, verläuft hier. Die rund 70 Kilometer lange Sinn entspringt in der Rhön. Links lockt das Gasthaus Sinntalhütte im Hof Dittenbrunn. Wir wechseln von Hessen nach Bayern. Der Radweg ist jetzt Richtung Gemünden beschildert. Von links stößt die ICE-Strecke von Fulda nach Würzburg ins Tal.

OBERSINN Unter dem Eisenbahnviadukt der alten Zugstrecke und der Straße werden wir hindurchgeführt. Am Hang im Wald geht es ein wenig aufwärts, was uns einen schönen Blick ins Tal beschert. In Obersinn queren wir einen Zweig der Sinn und fahren dann direkt an der mächtiger gewordenen Sinn entlang. Der Ortskern liegt am anderen Ufer. Hier beginnt das Naturschutzgebiet Sinngrund im

Mündung der Jossa in die Sinn

Naturpark Spessart, das bis zum Ziel in Gemünden reicht. Es beherbergt neben Schachblumen zugleich zahlreiche Biber.

MITTELSINN Achtung: Wenn in Mittelsinn das Radschild nach halb links zu zeigen scheint, geht es halb rechts weiter auf dem Asphalt. Wir sehen rechts oberhalb von Stufen die spätgotische Jakobuskirche mit Rokokoelementen und nehmen die Hauptstraße nach links. Ein lila Fahrrad schmückt eine Rastmöglichkeit. Die Straße führt über die Sinn. Der Radweg biegt nach der Brücke rechts ab. Wir werden an die beiden hier nebeneinander verlaufenden Bahnstrecken herangeführt.

BURGSINN Vor dem Bahnhof von Burgsinn, früher Niedersinn genannt, geht es auf der Poststraße zurück in den Ort. Nach ei-

Tipp

SCHACHBLUMENBLÜTE

Von den Schachblumen im Sinntal hat man am meisten, wenn man die Tour zur Blütezeit des lilienartigen Gewächses radelt: von Mitte April bis Mitte Mai.

nem weiteren schmalen Sinnseitenarm sehen wir die evangelische Dreieinigkeitskirche von 1952 aus rotem Mainsandstein und rechts die neobarocke Michaelskirche von 1908, den katholischen Sinntaldom. Wir fahren links um das Areal einer Wasserburg, des Alten Schlosses. Buckelquader aus Buntsandstein prägen die Ringmauer. Die übrigen Mauern, auch der quadratische Nordostturm, sind aus Bruchstein, zum Teil gekrönt von Fachwerk. Wir überqueren den kleinen Sinnzufluss Aura und radeln vor dem Café Müller links an der Aura zurück zum Fluss. In der Sinnaue liegt links das Freibad. Ein Radschild fehlt, aber nach den Brücken über Sinn und Bahn geht es rechts. So radeln wir zwischen Regionalbahn- und ICE-Strecke, die bald in einem Tunnel verschwindet. Nach Ende des Tunnels geht es Richtung Gemünden wieder rechts zurück über die Bahn. Nun schlängelt sich der Radweg im Sinngrund nah am Fluss.

BURG RIENECK Auf der rechten Talseite steht über dem Ort die lang gestreckte Burg Rieneck, entstanden um 1150. Man kann von den Bänken am Sport- und Spielplatz oder etwas weiter am Weg den Blick genießen, oder man nimmt den kurzen Weg hinauf zur Burg. Strategische Bedeutung hatte sie dank ihrer Lage an der Birkenhainer Straße. Die wurde Jahrtausende als Verbindung durch den Spessart zwischen Hanau und Gemünden genutzt. Bei offen stehendem Burgtor kann man zumindest den Innenhof der Jugendburg des Verbands Christlicher Pfadfinderinnen und Pfadfinder (VCP) besichtigen.

GEMÜNDEN Bei Schaippach unterqueren wir zwei neue Eisenbahnbrücken und kürzen dabei einen Sinnbogen ab. Danach kann man sich an Teichen niederlassen, bevor wir kurz auf der Straße fahren. Wenn die Hauptstraße nach rechts führt, geht der Radweg links,

↓ Ruine Scherenburg über Gemünden
→ Burg Rieneck
↘ Schachblumen blühen von Mitte April bis Mitte Mai

INFO

TOURENCHARAKTER
Überwiegend Asphalt, wenige kurze Waldweg- und Pflasterpassagen

AUSGANGSPUNKT
Bahnhof Jossa;
ebenerdig mit Parkplätzen

GPS-DATEN (STARTPUNKT)
50.232668, 9.604673

ENDPUNKT
Bahnhof Gemünden (Main);
mit Treppen

ANFAHRT
Jossa ist mit der Regionalbahn von Gemünden/Würzburg zu erreichen; Gemünden wird vom Main-Spessart-Express zwischen Frankfurt und Würzburg bedient und bietet Verbindungen ins Sinntal sowie ins Tal der Fränkischen Saale.

KOMBINIERBAR MIT
Tour 15 und 16

KARTE
ADFC-Regionalkarte 1:75 000,
Spessart/Main/Odenwald

ABKÜRZUNG(EN)
Man kann vom Bahnhof Jossa aus direkt an der Straße Richtung Gemünden fahren und spart dabei 2,5 Kilometer.

EINKEHR
Landgasthof Zum Jossgrund Jossa
(www.landgasthof-jossgrund.de)
Gasthaus Sinntalhütte Dittenbrunn
Eiscafé Cortina Burgsinn
Café Klein und Fein Rieneck
(www.cafe-klein-fein.de)
Ratsschenke Gemünden
(www.ratsschenke.de)

Leicht	31 km	110 Hm	3.00 Std.

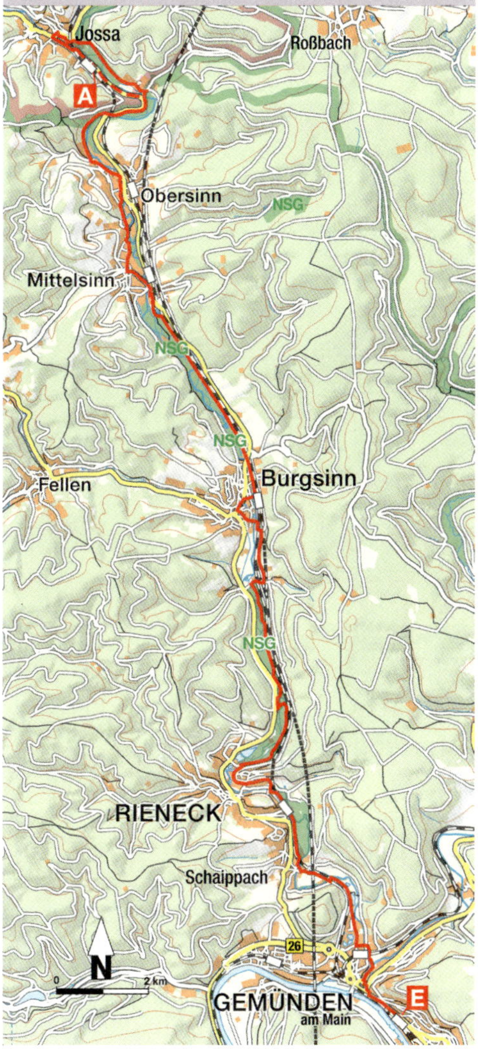

überquert nochmals die Sinn und dann die Fränkischen Saale direkt an der Sinnmündung. Nach dem Freibad kommt noch vor der großen Saalebrücke links eine kleine Brücke über den Mühlbach. Über die erreichen wir am Mühltor die Altstadt der Drei-Flüsse-Stadt unterhalb der Ruine Scherenburg, die einst den Grafen von Rieneck gehörte. Viele historische Gebäude von Gemünden mussten nach einem Luftangriff 1945 wiederaufgebaut werden. Obertor- und Bahnhofstraße führen zum Bahnhof im Südosten der Stadt am Main. In rund 20 Minuten ist man mit dem Zug zurück in Jossa.

Fränkische Saale bei Morlesau

15

IM TAL DER FRÄNKISCHEN SAALE

Vom Main an der Südrhön nach Hammelburg

Das Tal der Fränkischen Saale schlängelt sich von ihrer Mündung in den Main bei Gemünden an der Südrhön entlang nach Osten. Schlösser, Klöster, und Burgen säumen den Weg durch Unterfranken. Dabei kreuzt eine nie vollendete Autobahntrasse den Weg.

GEMÜNDEN Auf der Bahnhofstraße geht's zur Altstadt, die wir durch die Obertorstraße erreichen. Schon ist unser Ziel Hammelburg beschildert. Am Hang über der Altstadt sehen wir die Ruine Scherenburg. Schräg über den Marktplatz kommen wir auf die Saalebrücke. Links mündet die Fränkische Saale in den Main. Wir nutzen die Brücke zur Überquerung des Mühlbachs und nehmen gleich rechts die Abfahrt zum Saaleufer. Gegenüber sehen wir in Kleingemünden das Huttenschloss von 1711, in dem das Film-Foto-Tonmuseum und eine Spessartausstellung untergebracht sind. Vorbei an Parkplatz, Sportplatz und Freibad kommen wir auf der Brücke direkt neben der Mündung der Sinn ans andere Ufer der Saale.

KLOSTER SCHÖNAU Schon sind wir im Grünen. Richtung Hammelburg sind Saale-Radwegschilder mit weißer Schrift auf blauem Grund ein zuverlässiger Begleiter. Auf bestem Asphalt fahren wir phasenweise direkt am Ufer der Saale. Sie wird von zwei Quellbächen bei Bad Königshofen im Grabfeld gespeist. Bis ins 14. Jahrhundert führte die Saale wesentlich mehr Wasser, die Saaleauen waren kaum passierbar. Der Schiffsverkehr hatte daher große Bedeutung, woran heute das beliebte Wasserwandern erinnert. Im Bereich der Tour hat der Fluss kaum Gefälle, sodass das Ziel unwesentlich höher als der Ausgangspunkt liegt. Bei Schönau sehen wir auf der anderen Flussseite die Wallfahrtskirche von Kloster Schönau im Barockstil. In der einstigen Zisterzienserinnenabtei leben Franziskaner-Minoriten. Wir zweigen nach links ab und überqueren die eingleisige Strecke der Saaletalbahn.

WOLFSMÜNSTER Oberhalb der Bahnstrecke kommen wir nach Wolfsmünster. Der Radweg führt uns um die Kirche St. Wolfgang herum und unter der Eisenbahn hindurch zur Saale. Von der neuen Radbrücke können wir den Anblick der alten Brücke samt Heiligenfigur genießen. Am Ufer ist Schloss Wolfsmünster zu sehen, 1584 im Stil der Spätrenaissance erbaut. Der Radweg verläuft auf der kleinen Straße nach Schonderfeld. Alte Gehöfte umgeben dort die Barockkirche St. Laurentius von 1749 und die Schonderfelder Brotzeitstube.

VERGESSENE AUTOBAHN Nach dem Ort steht mitten im Tal ein breiter Brückenpfeiler. Die Nationalsozialisten trieben hier das Projekt einer Autobahnverbindung zwischen Fulda und Würzburg, die Strecke 46, voran. Die Arbeiten wurden 1940 eingestellt, aber viele Bauwerke und manche Trassen sind noch heute erkennbar. Informationstafeln stehen an einem Rastplatz. Der Betonpfeiler mit Buntsandsteinverkleidung kann beklettert werden. Danach geht es am Südhang etwas hinauf, vorbei an einem weiteren Rastplatz. Eine schmale Brücke führt zurück über die Saale Richtung Gräfendorf. Der Ort liegt jenseits der Bahnstrecke. Wir werden

Spätrenaissance:
Schloss Wolfsmünster

↑ Stadtmuseum Herrenmühle in Hammelburg
↗ Autobahnpfeiler der unvollendeten Strecke 46
→ Wehrkirche St. Georg in Diebach

diesseits davon auf einem nagelneu asphaltierten Uferradweg vorbei an einer ebenso neuen Holzhütte geschleust. Auch Michelau tangieren wir nur leicht. Es sei denn, man pausiert in den dortigen Saaletalstuben.

MORLESAU Trotz einer Asphaltlücke kommen wir bequem zum Restaurant Roßmühle, das romantisch am Fluss liegt. Um den Campingplatz zu umgehen, fahren wir kurz auf die Höhe der Eisenbahnbrücke, rauschen aber gleich wieder hinunter in die Auen. Mit Morlesau haben wir bereits das Stadtgebiet von Hammelburg erreicht. Dies ist die südlichste Spitze des UNESCO-Biosphärenreservats Rhön. Nach ein paar Metern Kopfsteinpflaster will man intuitiv links fahren, es geht aber im Bogen rechts auf die Saalebrücke und an ihrem Ende links. Nach dem edlen Romantikhotel auf der anderen Seite, das auf eine Getreidemühle zurückgeht, müssen wir rechts in den Wald hinauf. Danach weitet sich das Tal. Der Blick wird frei auf verschiedene Hügel in der Ferne. In Diebach queren wir an einem Wehr beide Saalearme und passieren die Rödermühle. Wenn die Radbeschilderung rechts auf die Hauptstraße führt, sieht man links die moderne Georgskirche und dahinter den Turm der spätromanischen Wehrkirche. Die paar Meter dorthin lohnen sich, weil ein Teil der alten Kirchenburg mit Fachwerkelementen erhalten ist.

Tipp

WINZERKELLER HAMMELBURG

Im Roten Schloss von Hammelburg, dem ältesten Weinort Frankens, bietet der Winzerkeller als Vinothek eine große Auswahl regionaler Weine.

HAMMELBURG Über der Saale sieht man Schloss Saaleck mit den Resten des Bergfrieds (12./13. Jh.). Jenseits davon befinden sich ein Truppenübungsplatz, ein Flugplatz und eine Kaserne. Bei Überquerung der Thulba sind wir wieder auf dem Radweg am linken Straßenrand. In Hammelburg geht es am Kreisverkehr links zum Bahnhof. Vorsicht: Manche Züge werden hier getrennt. In etwa 30 Minuten bringt uns der Zug nach Gemünden. Zuvor lohnt ein Abstecher in die Altstadt. Zu den Attraktionen zählen das neugotische Rathaus, der Marktbrunnen von 1541, das Kellereischloss samt Schlossweiher, die historische Stadtmauer mit Türmen, die spätgotische Johanniskirche sowie das Stadtmuseum Herrenmühle – ganz abgesehen vom Winzerkeller und anderen Weingütern. Hammelburg gilt dank einer Urkunde aus der Merowingerzeit von 716 als älteste Weinstadt Frankens.

INFO

TOURENCHARAKTER

Weitgehend asphaltierter Radweg, einzelne Passagen im Wald oder auf kleinen Straßen, wenige Meter auf Kopfsteinpflaster; sehr flach

AUSGANGSPUNKT

Bahnhof Gemünden (Main); mit Treppen und Parkplatz

GPS-DATEN (STARTPUNKT)

50.050306, 9.700514

ENDPUNKT

Bahnhof Hammelburg; ebenerdig

ANFAHRT

Gemünden wird vom Main-Spessart-Express zwischen Frankfurt und Würzburg bedient und bietet Verbindungen ins Sinntal sowie ins Tal der Fränkischen Saale; Hammelburg liegt an der stündlich fahrenden Saaletalbahn zwischen Gemünden und Bad Kissingen. Von dort kommt man weiter nach Schweinfurt bzw. Mellrichstadt.

KOMBINIERBAR MIT

Tour 14 und 16

KARTE

KOMPASS Fahrradkarte 1:70 000, Blatt 3351 Aschaffenburg, Würzburg, Spessart, Maindreieck

ABKÜRZUNG(EN)

Mit den Bahnhöfen der Saaletalbahn in Wolfsmünster, Gräfendorf, Michelaubrück, Weickersgrüben, Morlesau und Diebach kann man die Strecke variieren.

EINKEHR

Ratsschenke Gemünden (www.ratsschenke.de)
Schonderfelder Brotzeitstube (www.schonderfelder-brotzeitstube.de)
Saaletalstuben Michelau (www.saaletalstuben.de)
Restaurant Roßmühle Weickersgrüben (www.restaurant-rossmuehle.de)
Café Glücksgefühl Hammelburg
Müller! Das Weingut Hammbelburg (www.frankenwein-mueller.de)

Leicht | 29 km | 110 Hm | 3.00 Std.

WEINDÖRFER IM WERNTAL

Von Wernfeld zum Schloss Werneck

Das Werntal ist mit seinem flachen Anstieg ideal zum Radfahren. Weindörfer wie Gössenheim, Stetten oder Müdesheim, die bis ins 6. Jahrhundert zurückgehen, liegen am Fuß der Hänge. Krönung ist Schloss Werneck mit seinem englischen Landschaftsgarten.

16

Schloss Werneck

WERNMÜNDUNG Wir wenden uns am Bahnhof Wernfeld der Mainseite zu und fahren ein paar Meter auf dem Mainradweg flussabwärts. Hier überqueren wir die Wernmündung. Weiß auf Rot ist der Wernradweg Richtung Gössenheim/Schweinfurt beschildert. Es geht unter der Bahnstrecke und der Bundesstraße hindurch und dann links in den Wernweg. Der führt uns zwischen der elektrifizierten eingleisigen Bahnstrecke und dem von Bäumen gesäumten Fluss. Die Werntalbahn dient zwischen Wernfeld und Waigolshausen seit 1976 nur noch dem Güterverkehr als Umgehung von Würzburg.

BURGRUINE HOMBURG In Sachsenheim kreuzen wir die Wern. Nach Unterquerung der Bahnstrecke sehen wir schon auf dem Bergrücken oberhalb von Gössenheim eine der größten Burgruinen Frankens. Die Homburg liegt 130 Meter über dem Werntal. Am Rand von Gössenheim werden wir unter der Staatsstraße hindurchgeführt. Danach ist der Aufstieg zur Burg beschildert. Am Radweg liegt rechts kurz darauf Haus Marlene. In dem ehemaligen Bahnwärterhäuschen ist die Kaffeekannensammlung der verstorbenen Marlene Heinickel mit etwas Glück an Sonntagnachmittagen nach wie vor zu besichtigen. Etwas weiter erinnert eine Infotafel an die Autobahntrasse der Strecke 46, von der im Nachbartal der Fränkischen Saale noch ein Pfeiler zu sehen ist (Tour 15).

BÖGEN BEI EUSSENHEIM Am Hochspannungsmast unterqueren wir wieder die Eisenbahnstrecke. Danach geht es links an einer winzigen Kapelle mit Rastgelegenheit vorbei etwas den Hang hinauf. Die sanften Hügel ringsum sind bezaubernd. Noch vor dem höchsten Punkt führt der Radweg links hinunter und im Zickzack um den Ortskern von Eußenheim. Nach Überquerung der Bundesstraße sieht man am anderen Wernufer die

Burgruine Homburg

Vituskapelle aus dem 13. Jahrhundert. Kurz darauf sind wir wieder auf der südlichen Talseite, wo uns hoher Bambus begleitet. Ein Schild weist über die Höhe nach Karlstadt am Main, eine Alternative als Startort.

THÜNGEN An der T-Kreuzung liegen rechts Reste der Burg Schönarts aus dem 13. Jahrhundert. Wir fahren links über die Bahn und direkt danach rechts. Im Hang sind besonders schöne Felsen zu sehen. Eine große Raststation liegt am Kräutergarten Stetten. Ansonsten streifen wir die Orte Stetten und Thüngen nur. Man kann in Thüngen hinauf in den Ort, wo

Tipp

BURGWEINFEST HOMBURG

Besonders romantisch geht es beim Burgweinfest auf der Homburg bei Gössenheim zu. Es findet rund um das Fest Mariä Himmelfahrt (15. August) statt, das hier Feiertag ist.

links ein Schloss liegt und gegenüber die zu einer Arnsteiner Brauerei gehörende Burgbrauerei Herzog von Franken. Weiter geht's durch das wunderschöne Tal, das sich bald etwas weiten wird. Wir kommen nach Reuchelheim, einem der traditionellen Weindörfer aus der fränkischen Besiedlungszeit im 6./7. Jahrhundert. In sehr nettem Ambiente kann man sich beim Wirtshaus zur Bergmühle niederlassen.

ARNSTEIN Am Ortsrand von Arnstein sehen wir rechts die spätgotische Wallfahrtskirche Maria Sondheim. In die Wände sind viele Grabsteine eingelassen. Das Gnadenbild, eine bemalte Holzfigur der Pieta, entstand um 1470. Ein Deckenfresko von 1770 zeigt sehr lebendig die Seeschlacht von Lepanto aus dem Jahr 1571. Links geht es an derselben Kreuzung zum Naturbadesee mit Seeterrasse. Man kann von der Kreuzung entlang des Schwabbachs in die Stadt oder zunächst an der Wern bleiben und die Würzburger Straße zum Abstecher zur auf dem Bergsporn thronenden hochmittelalterlichen Burg nutzen. Sie ist in Privatbesitz und diente lange zur Verteidigung der nördlichen Grenze des Bistums Würzburg. Zu den Sehenswürdigkeiten der stufenförmig angelegten Altstadt gehören das nach 1945 wiederaufgebaute Rathaus und die alte Synagoge. Sie wurde um 1800 erbaut und trägt seit 1934 die hebräische Inschrift »Hier ist nichts anderes als Gottes Haus, und hier ist die Pforte zum Himmel« (Genesis 28,17).

SCHLOSS WERNECK In der Mitte von Gänheim führt bis mindestens Ende 2023 eine Umleitung des Wernradwegs nach rechts ab Richtung Binsbach. Sie verlängert die Gesamtstrecke um drei Kilometer und beschert 60 zusätzliche Höhenmeter. Grund ist der Neubau der Autobahnbrücke. Die Bundesstraße hat als Alternative auf der linken Talseite keinen Radweg. Jenseits der Autobahn führen alle Wege nach Mühlhausen. Die Phalanx der Fernradwege weist dort nach Zeuzleben. Dort kann man am Ortseingang direkt rechts am Gassigbach zum Ziel nach Waigolshausen radeln. Wir bleiben auf dem Wernradweg bis Werneck. So kommen wir direkt vor das barocke Schloss von

↓ Schloss Thüngen
→ Stadtseite von Schloss Wernfeld

INFO

Leicht | 46 km | 200 Hm | 5.00 Std.

TOURENCHARAKTER

Fast durchgehend asphaltierte Strecke, überwiegend auf Wirtschafts- und Radwegen

AUSGANGSPUNKT

Bahnhof Wernfeld; ebenerdig, Parkmöglichkeiten am Ortsrand

GPS-DATEN (STARTPUNKT)

50.025617, 9.724440

ENDPUNKT

Bahnhof Waigolshausen; mit Treppen

ANFAHRT

Der Bahnhof Wernfeld wird stündlich von der Regionalbahn aus Würzburg Richtung Gemünden angefahren; vom Bahnhof Waigolshausen geht es stündlich mit Regionalbahnen Richtung Würzburg/Wernfeld und Schweinfurt/Bamberg.

KOMBINIERBAR MIT

Tour 14 und 15

KARTE

KOMPASS Fahrradkarte 1:70 000, Blatt 3351 Aschaffenburg, Würzburg, Spessart, Maindreieck

ABKÜRZUNG(EN)

Wer von Zeuzleben direkt zum Ziel Waigolshausen steuert, spart 2 Kilometer, verpasst aber Schloss Werneck.

Der Start im reizvollen Karlstadt am Main verkürzt die Strecke um 10 Kilometer, vermehrt sie aber um 90 Höhenmeter.

EINKEHR

Wirtshaus zur Bergmühle Reuchelheim (www.partyservice-steinmetz.de)
Binsfelder Hof Arnstein (www.binsfelderhof.com)
Seeterrasse Badesee Arnstein
Café Stark Arnstein (www.cafe-stark.de)
Eiscafé da Romina Arnstein
Café Balthasar Schloss Werneck (www.balthasar-schlosswerneck.de)

Balthasar Neumann mit Englischem Garten. Die Gebäude werden als orthopädische und psychiatrische Klinik genutzt. Neben dem barocken Schlossgarten und der englischen Parkanlage sind die ehemalige Schlosskirche sowie ein Café im Gartensaal zugänglich.

WAIGOLSHAUSEN Wir bleiben auf der Balthasar-Neumann-Straße, ignorieren deren Wende nach rechts, fahren erst auf der Gartenstraße rechts und kommen am Ortsausgang zur Hauptstraße zurück. Rechts führt ein Radweg nach Waigolshausen. Von der kleinen Anhöhe haben wir einen grandiosen Blick, bevor uns die Bahnhofstraße nach rechts zum Haltepunkt führt. In einer Stunde Fahrzeit bringt uns die Regionalbahn stündlich ohne Umstieg zurück nach Wernfeld.

Alte Wassermühle
an der Aisch bei Ipsheim

17

DURCH DEN AISCHGRUND

Zwischen Steigerwald und Frankenhöhe

Die Aisch führt von Westen zur Regnitz. Im oberen Teil verläuft sie sehr flach zwischen Steigerwald und Frankenhöhe. Als Mittel- und Höhepunkt der Tour begeistert Bad Windsheim mit faszinierender Altstadt, Fränkischem Freilandmuseum und Soletherme.

STEINACH Vor dem Bahnhof weist ein Schild nach links zu den Radwegen. An der nächsten Ecke geht's rechts aus dem Ort. Die freie Sicht ist fantastisch. Vor uns wird die Windsheimer Bucht umrahmt vom Steigerwald im Norden und der Frankenhöhe im Süden. Sie bildet die Europäische Wasserscheide zwischen Donau und Rhein. An der T-Kreuzung erreichen wir den Aischtalradweg, dem wir Richtung Bad Windsheim folgen. Der offizielle Radweg beginnt in Rothenburg ob der Tauber, die Aischquelle kommt noch. Bald geht es links parallel zur Bundesstraße auf asphaltiertem Radweg. Vorbei an Seen mit Bänken werden wir von der Straße zunächst weggeführt und dann zurück unter ihr hindurch Richtung Burgbernheim.

BURGBERNHEIM Jenseits der Aischgrundbahn erreichen wir den Ort. Er wird vom Kapellenberg mit der sehenswerten spätmittelalterlichen Kirchenburg um die Johanniskirche und dem Kriegerdenkmal überragt. Im Ort stechen das Rathaus von 1801 und Fachwerkhäuser hervor. Die Hauptstraße zweigt nach links. An der nächsten Kreuzung hat man die Wahl. Rechts führt der Aischtalradweg Richtung Marktbergel. Dieser Weg ist mit Streuobstwiesen gesäumt und anderthalb Kilometer länger. Wir folgen an der Kreuzung halb links dem Schild nach Bad Windsheim. Ein Radweg führt aus der Stadt über Bahn- und Umgehungsstraße in die Windsheimer Bucht. Hinter uns liegt auf dem 500 Meter hohen Breithart der Sender Burgbernheim, während rechts oberhalb von Marktbergel der Sender Büttelberg zu sehen ist. Links daneben stehen in der Munasiedlung Anlagen der US-amerikanischen Streitkräfte.

ILLESHEIM Durch Felder kommen wir zur B 13, die wir kreuzen. Hier sind wir auf Höhe der Aischquelle. Sie liegt – leider nicht sehr gut zu erreichen – 900 Meter weiter nördlich direkt an der Bundesstraße. Dazwischen kreuzt sie die B 470, die wir bald tangieren. Am Ortsrand von Illesheim liegt ein US-Hubschrauberlandeplatz an der ehemaligen »Adolf-Hitler-Kaserne«, die die Amerikaner in Storck Barracks umbenannt haben. Auf der Hauptstraße kommen wir an der rosa Kirche St. Maria und Wendel von 1769 vorbei. Kurz darauf überqueren wir zum ersten Mal die schon recht mächtige Aisch.

Tipp

SALZSEE

Totes-Meer-Feeling bietet die Franken-Therme in Bad Windsheim mit ihrem Salzsee. Die beheizte vollgesättigte Sole im Außenbereich garantiert ein faszinierendes Schwebeerlebnis.

BAD WINDSHEIM Am Ortsrand von Bad Windsheim vereinigt sich unsere Strecke wieder mit dem Aischtalradweg, auf dem wir links über den Aisch-Flutkanal radeln. Hier liegt ein beheiztes Freibad. An der Aisch ent-

Aufstieg zur spätmittelalterlichen Kirchenburg in Burgbernheim

↑ Am Marktplatz von Bad Windsheim
↗ Im Aischgrund → Altes Schloss in Neustadt

lang kommen wir zum Fränkischen Freilandmuseum mit Fahrradparkplätzen samt E-Bike-Ladestation. Auf dem Ausstellungsareal soll das Leben der bäuerlichen Bevölkerung in naturgetreu nachgebauten mittelalterlichen Gebäuden nachempfunden werden. Wir queren die Aisch sowie den Wall rund um die Altstadt und kommen mitten hinein in die historische Atmosphäre der einst selbstständigen Reichsstadt. Der Weinmarkt ist schön von Fachwerkhäusern, Brunnen und Rokokohaus umgeben. Wir gelangen hinauf zum Marktplatz, von dem ein Tor im Rathaus zur Stadtkirche St. Kilian mit ihrer wechselvollen Geschichte führt. An einer Ecke des Marktplatzes steht ein Kriegerdenkmal mit einer acht Meter hohen Rolandsfigur aus Muschelkalksandstein. Wir fahren halb rechts den Schüsselmarkt hinunter, wo auf halber Höhe rechts am Klosterplatz der Chorraum der ehemaligen Klosterkirche St. Augustinus steht. Er dient als Bibliothek. Vom einstigen Kloster eines Bettelordens sind nur Ruinen im schönen Garten zu sehen. Am Hotel Goldene Traube, wo ein Schild fehlt, geht es rechts entlang zum Ring. Der denkmalgeschützte Kurpark und die Franken-Therme mit Solebad liegen nördlich des Bahnhofs.

BURG HOHENECK Schon sind wir wieder an der Aisch, die uns durch Lenkersheim und an einer Wassermühle vorbei nach Oberndorf mit dem markanten Turmhelm der Kilianskirche führt. Hinter Ipsheim kommen wir der mittelalterlichen Burg Hoheneck, heute Jugendbildungsstätte, immer näher. Die Windsheimer Bucht verengt sich etwas und erweist sich danach als Teil der Bucht von Neustadt. Der Fluss mit seiner Mulde bildet die Aischfurche. Auch die Markuskirche von Dottenheim ragt markant am Ortsrand heraus.

NEUSTADT AN DER AISCH Zwischen Dietersheim und Schauerheim führt die Route zweimal kurz von der Aisch weg, bevor wir zum Zentrum von Neustadt kommen. Mit einem Schlenker passieren wir die Museen im Alten Schloss, das Neue Schloss und den Schloss platz. Auf der Bamberger Straße erreichen wir den Marktplatz mit Rathaus. Um 12 Uhr dreht sich auf dessen Turm ein Holzgeißbock. Das einzig verbliebene Stadttor liegt oberhalb an der Nürnberger Straße. Vom Bahnhof, der knapp zwei Kilometer westlich der Stadt liegt, kommt man mit der Aischgrundbahn in einer Dreiviertelstunde zurück nach Steinach. Der näher am Zentrum gelegene Bahnhof Neustadt Mitte bietet kaum Verbindungen.

INFO

Leicht | 40 km | 60 Hm | 3.30 Std.

TOURENCHARAKTER

Durchgehend asphaltierte Strecke, sehr flach und begünstigt von Westwind

AUSGANGSPUNKT

Bahnhof Steinach (bei Rothenburg ob der Tauber); mit Treppen und Parkplatz

GPS-DATEN (STARTPUNKT)

49.453074, 10.274007

ENDPUNKT

Bahnhof Neustadt (Aisch); mit Treppen

ANFAHRT

Steinach wird von Regionalbahnen zwischen Ochsenfurt/Würzburg bzw. Treuchtlingen/Ansbach erreicht. Von Neustadt fahren die Aischgrundbahn nach Steinach oder Regionalzüge nach Würzburg bzw. Nürnberg.

KOMBINIERBAR MIT

Tour 18

KARTE

KOMPASS Fahrradkarte 1:70 000, Blatt 3328 Nürnberg, Bamberg, Steigerwald

ABKÜRZUNG(EN)

Mit den Bahnhöfen der Aischgrundbahn kann man die Strecke in Burgbernheim, Illesheim, Bad Windsheim, Ipsheim, Dottenheim und Dietersheim variieren.

EINKEHR

Wirtshaus am Freilandmuseum Bad Windsheim
Restaurant El Plaza Bad Windsheim
Eiscafè Rialto Bad Windsheim
Wirtshaus Scharfes Eck Neustadt (www.wirtshaus-scharfes-eck.de)
Taverne Kreta zum Alten Markgrafen (taverne-kreta-neustadt.de)

IM EHEGRUND ZUR AISCH

Die Weite des südlichen Steigerwalds

In den flach abfallenden Hängen des südwestlichen Steigerwalds folgen wir kleinen Bächen in den Ehegrund. Der wiederum führt zur Aisch. Sehenswerte Schlösser in Scheinfeld und Neustadt rahmen die gemächliche Tour durch die weiten Feuchtgebiete der Ehe.

18

Schloss Schwarzenberg thront über Scheinfeld

MARKT BIBART Auf der Bahnhofstraße radeln wir zum Julius-Echter-Platz. Jener Fürstbischof hat die Kirche an der Ecke um 1615 erbauen lassen. Gegenüber liegt das Rathaus von 1907 mit der Touristeninformation etwas versteckt in der Rathausgasse. Nach rechts erstreckt sich der Ortskern entlang der Nürnberger Straße. Wir fahren links auf der Würzburger Straße, biegen aber gleich wieder rechts auf den Radweg nach Scheinfeld. Der Radweg überquert die Bibart und unterquert später die Straße. Von der kleinen Anhöhe zwischen beiden Orten reicht der Blick weit in die Umgebung. Bei der Abfahrt entfernt sich der Radweg stetig von der Straße und führt direkt hinein nach Scheinfeld. Links sieht man eine Fabrikationshalle. Der Sportartikelhersteller Adidas hat hier mit seiner Maßschuhabteilung für Fußballprofis die einzige firmeneigene Produktionsstätte in Europa.

Karpfen-Museum in Neustadt an der Aisch

SCHEINFELD MIT SCHLOSS SCHWARZENBERG Jenseits der Kirche Mariä Himmelfahrt, die 1766 bis 1772 nach Plänen von Balthasar Neumann gebaut wurde, sieht man bereits Schloss Schwarzenberg, auf das wir durch den Ort zufahren. Dafür überqueren wir die Nürnberger Straße und das Flüsschen Scheine. In der urigen Altstadt finden sich Fachwerkhäuser und historische Gebäude wie das Antoniusspital. Auf der Hauptstraße fahren wir zum Oberturm. Jenseits des Stadttors sehen wir das Schloss nun deutlich näher. Fahrradschilder warnen vor 13 Prozent Steigung, was eigentlich nur auf den Fußweg zutrifft. Eine Straße führt im Bogen zum 30 Meter höher gelegenen Schloss. Die Gebäude werden als Privatschule mit Internat genutzt. Das Gelände mit seltenen Baumsorten ist aber zugänglich. Türme und Türmchen, Schlosskirche und Brauereitrakt gehören zu der lang gestreckten Anlage, die sich aus einer mittelalterlichen Wehranlage entwickelt hat. Wenige Meter weiter stehen an der rechten Straßenseite die Wallfahrtskirche und das Franziskaner-Minoriten-Kloster, das auch als Bildungshaus dient.

WIESEN UND WEITE Zurück am Stadttor führt die Adi-Dassler-Straße zur zweiten Adidas-Niederlassung in Scheinfeld. Wir fahren allerdings auf dem Südring Richtung Neustadt. Am EDEKA-Markt geht es links und sofort wieder rechts. Durch ein Wohngebiet kommen wir auf eine kleine asphaltierte Landstraße. Durch Unterlaimbach und Frankenfeld radeln wir an den südlichen Ausläufern des Steigerwalds entlang von Feldern und Wiesen. Diese Tour atmet Weite, Freiheit und Ruhe. Allerdings sind wir auch dem Wind, wenn er kräftig weht, nahezu ungeschützt ausgesetzt. In der Ferne rauschen ICE-Züge zwischen Würzburg und Nürnberg dahin.

Tipp

ERDBEEREN IN EHE

Von Ende Mai bis Mitte Juli kann man auf dem Erdbeerhof in Ehe Erdbeeren, danach auch andere Beeren, kaufen und genießen. Oder gleich im Trauhaus die Ehe schließen.

BAUDENBACH Kurz vor Markt Baudenbach kommen wir auf eine etwas größere Straße. Der Ort hat einen überdachten Marktbrunnen und eine ehemalige Wehrkirche mit einem Fachwerkaufbau auf dem Turm zu bieten. Am Marktplatz folgen wir nicht der Hauptstraße nach links Richtung Kirche, sondern fahren geradeaus und dann rechts dem Radschild Richtung Neustadt nach in die Raiffeisenstraße. Schilder führen uns am großzügig angelegten Mehrgenerationenspielplatz Wirbelwind vorbei zu Teichen und Bächen. Bibart und Scheine haben sich im Laimbach vereint, der nun in den Ehebach fließt.

EHEGRUND Im Ehegrund radeln wir bis zur Aisch. Das Kirchdorf Hambühl schmiegt sich direkt an den Bach. Um den Rasen am Hauptplatz werden wir herumgeführt. Hier liegen ein ehemaliges Brauhaus, Fachwerkhäuser und die Matthäuskirche. Alles strahlt wohlige Beschaulichkeit aus. Am Ortsende ist eine kürzere Strecke nach Neustadt beschildert, die aber über die Höhe führt. Wir bleiben im Ehetal, dem hier auch die Tour der Sinne und der Aischgründer GenussRadweg folgen. Da sind wir richtig. Auf großen Betonplatten kommen wir nach Hanbach. Am Ortsende beginnt ein perfekt asphaltierter Radweg neben der linken Fahrbahnseite. Er führt uns in den beliebten Heiratsort Ehe. Der Erdbeerhof bietet neben Eheschließungen

↓ Teichwirt-Skulptur von 2014
→ Altes Gehöft bei Hambühl
↘ Im Erdbeerhof von Ehe

INFO

Leicht | **25 km** | **70 Hm** | **2.30 Std.**

TOURENCHARAKTER

Sehr flache Strecke auf asphaltierten Rad- und Feldwegen

AUSGANGSPUNKT

Bahnhof Markt Bibart; barrierefrei mit Parkplätzen

GPS-DATEN (STARTPUNKT)

49.646477, 10.425731

ENDPUNKT

Bahnhof Neustadt (Aisch); mit Treppen

ANFAHRT

Markt Bibart hat stündliche Verbindungen auf der Strecke Würzburg–Nürnberg; von Neustadt kann man darüber hinaus mit der Aischgrundbahn nach Steinach fahren.

KOMBINIERBAR MIT

Tour 17

KARTE

KOMPASS Fahrradkarte 1:70 000, Blatt 3328 Nürnberg, Bamberg, Steigerwald

EINKEHR

Gasthaus zum Löwen Unterlaimbach (www.loewenwirtin-heidrun.de)

Hofladen Erdbeerhof in Ehe (www.erdbeerhof-ehe.de)
Wirtshaus Scharfes Eck Neustadt (www.wirtshaus-scharfes-eck.de)

Taverne Kreta zum Alten Markgrafen (www.taverne-kreta-neustadt.de)

auch – abhängig von der Jahreszeit – Beeren aller Art. Hinter dem Ort beginnt erneut ein Radweg auf der linken Seite. Bei den nächsten Häusern, der Einöde Bruckenmühle, mündet der Ehebach in die Aisch. Der folgen wir rechts flussaufwärts nach Neustadt auf dem Aischtalradweg.

NEUSTADT AN DER AISCH In Überlebensgröße behaust am Wegesrand die Skulptur Teichwirt, 2014 von Birgit Jönsson geschaffen, ein Bienenvolk. Direkt dabei ist eine überdachte und westwindgeschützte Rastgelegenheit. Schon sehen wir das Alte und das Neue Schloss von Neustadt. Wir nehmen nicht die Straße, sondern die Fahrradbrücke, die sicher über Fluss und Bundesstraße ins Herz der Stadt führt. Schlösser, Rathaus, Kirchen und Nürnberger Tor schaffen eine wunderbare Atmosphäre, die man auch im Wirtshaus Scharfes Eck am Marktplatz genießen kann. Von dort geht es auf der Wilhelmstraße zu den Bahnhöfen. Links liegt zunächst der Bahnhof Neustadt (Aisch) Mitte, wo nur die Regionalbahnen nach Würzburg/Nürnberg halten. Knapp zwei Kilometer sind es zum außerhalb gelegenen Bahnhof. In acht Minuten ist man zurück in Markt Bibart. Zuvor kann man noch die Kneippanlage, das Hallen- oder Freibad ansteuern.

Mainfähre zwischen
Fahr und Kaltenhausen (Tour 20)

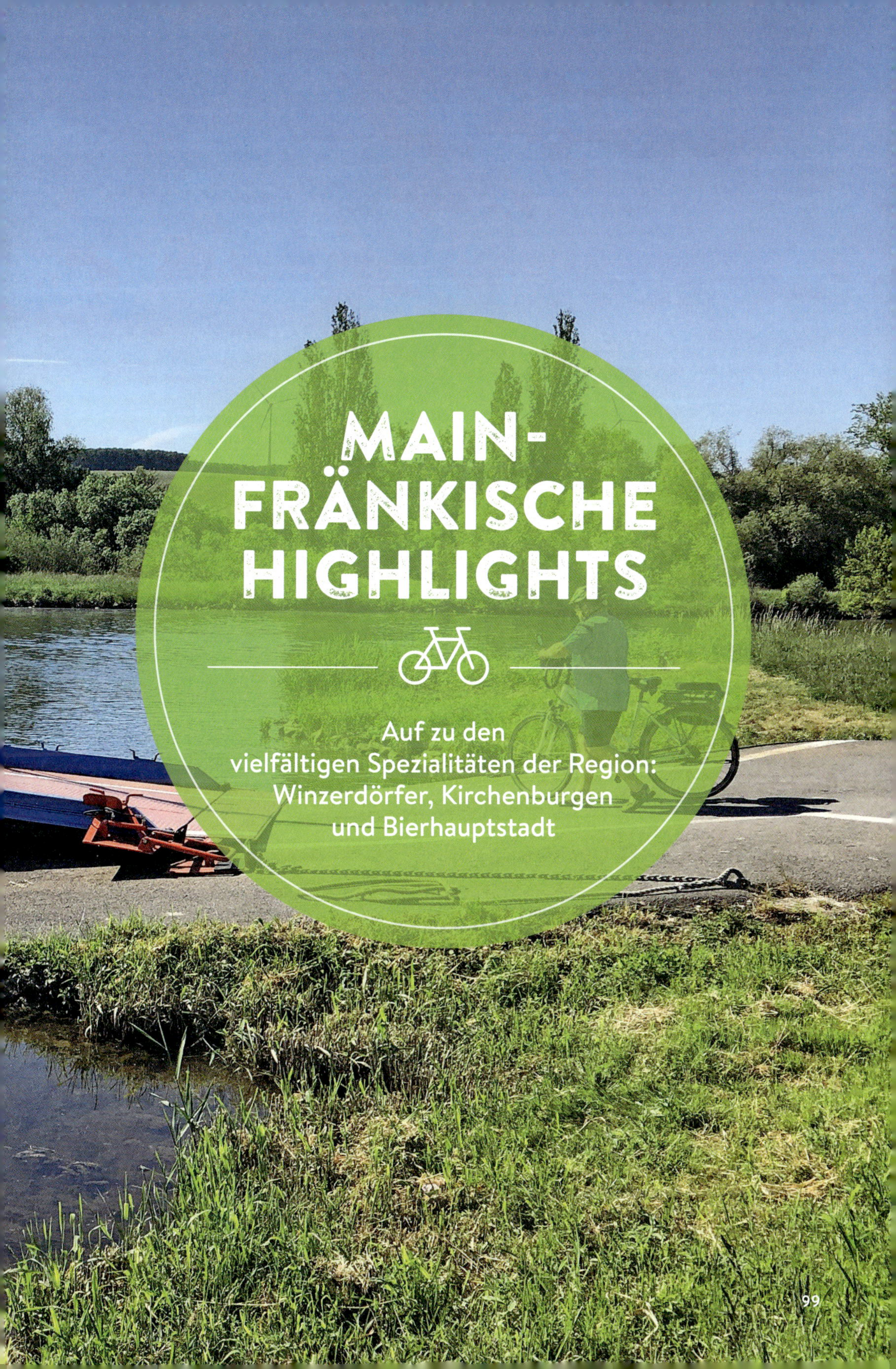

MAIN-FRÄNKISCHE HIGHLIGHTS

Auf zu den
vielfältigen Spezialitäten der Region:
Winzerdörfer, Kirchenburgen
und Bierhauptstadt

Rödelseer Tor in Iphofen

19

KIRCHENBURGEN IM WEINPARADIES

Von Iphofen durch das Steigerwaldvorland

Rund um das malerische Iphofen finden sich im Steigerwaldvorland einige Kirchenburgen. Mit ihren Vorratsräumen sind sie einzigartige Zeitdokumente. Auf dieser Tour wechseln sie sich ab mit Schlössern, dem Weinparadies Franken und einem Fahrradmuseum.

IPHÖFER DOMHERR Wir nehmen am Bahnhof die Unterführung unter den Gleisen und fahren direkt danach links auf der Alten Reichsstraße parallel zur Bahnstrecke. Schon bald können wir die Fahrt nach rechts Richtung Mönchsondheim oder geradeaus über Markt Einersheim fortsetzen. Wir nehmen rechts den kürzeren Weg und wenden uns damit von der Bahnstrecke ab. Freies, welliges Land liegt vor uns. Hinter uns sehen wir Produktionsstätten der Firma Knauf, die in Iphofen ihren Sitz und in Einersheim ein weiteres Werk hat. Das Familienunternehmen expandierte mit Gipsproduktion und stellt heute weltweit Bauprodukte her. An der T-Kreuzung wieder rechts, dann links. Schon radeln wir mitten zwischen Weinstöcken sanft hinab ins Breitbachtal, das Anbaugebiet des Iphöfer Domherrn. Der Breitbach trieb früher die Vogtsmühle an. Sie wird auch Äbtissinnenmühle genannt, weil Benediktinerinnen hier einst mahlen ließen.

MÖNCHSONDHEIM In Mönchsondheim weisen Schilder an der Hauptstraße zur Hauptattraktion, der Kirchenburg. Während Städte sich mit Stadtmauern schützten, bauten Dörfer oft Kirchenburgen. In Franken gehen die Anfänge der Anlagen auf das 13./14. Jahrhundert zurück. Typisch für fränkische Kirchenburgen sind sogenannte Gaden, ursprünglich meist eingeschossige Vorratshäuser rund um eine Kirche. Sie dienten als Speicher für längere Belagerungen. Im 15. Jahrhundert wurden sie vielfach unterkellert und mit Fachwerk aufgestockt. Mit dem Dreißigjährigen Krieg verloren sie zu Beginn des 17. Jahrhunderts ihre Bedeutung, weil sie neueren Geschützen nicht standhielten. Die Kirchenburg von Mönchsondheim ist zu einem Freilandmuseum umgestaltet worden. Von der Hauptstraße fahren wir auf das Torhaus zu, dem meist einzigen Zugang der Kirchenburg. In den einzelnen Gaden wird über Handwerk und Landwirtschaft informiert. Außerhalb der

↓ Fachwerk in Tiefenstockheim
→ Kirchenburg(museum) Mönchsondheim

Tipp

WEINPARADIESSCHEUNE

Von Hüttenheim nach Seinsheim kann man über die Weinparadiesscheune mit ihren deftigen Brotzeiten fahren. Das bedeutet drei Kilometer, 50 Höhenmeter und grandiose Aussichten mehr.

Kirchenburg setzen sich die Ausstellungsräume im Rathaus von 1557, in der Schule, im Wirtshaus und in Bauernhöfen fort. So versetzt das Ensemble seine Besucher um Jahrhunderte zurück. Wir setzen die Fahrt auf der Hauptstraße fort. Links lädt die Brotzeitstube Nierenmühle zur Rast.

HERRNSHEIM Am Ortsende fahren wir rechts ab und danach halb rechts weiter. Wir folgen der Fahrradbeschilderung nach Markt Herrnsheim. Bevor wir dort nach links die Fahrt Richtung Hüttenheim und Seinsheim fortsetzen, können wir an der nächsten Ecke rechts durch das spätgotische Spitzbogentor die nächste Kirchenburg erreichen. Hier liegt sie am Rande und nicht im Mittelpunkt des Dorfs. Die Kirche St. Martin wird katholisch und evangelisch genutzt. Der Bau des romanischen Kirchturms wird auf etwa 1200 datiert. Von seinen Schießscharten aus konnte man das Tor der Kirchenburg, die im 16. Jahrhundert ihre heutige Form bekam, gut verteidigen. Seitdem die Kirche im 18. Jahrhundert erweitert wurde, wirkt das Größenverhältnis unausgewogen.

HÜTTENHEIM Die Radschilder führen uns zurück Richtung Osten nach Hüttenheim. Hier kommen wir im Mittelpunkt des Orts an einer der größten und am besten erhaltenen Kirchenburgen Frankens vorbei. Sie entstand Anfang des 14. Jahrhunderts. Nur das Torhaus verschwand 1886, weil es neueren Maschinen den Zugang zu den Lagerräumen versperrte. Rathaus und Torbogen bildeten ursprünglich einen weiteren Schutz der Kirchenburg. Die ehemalige Synagoge der jüdischen Gemeinde,

Lohnender Abstecher: Altstadt von Mainbernheim

Blick über die Stadtmauer von Mainbernheim

die einst ein Fünftel der Dorfbevölkerung stellte, findet sich nordöstlich der Kirchenburg. Ein großer jüdischer Friedhof liegt etwa einen Kilometer südwestlich. Für Radler bietet der Ort eine weitere Attraktion. Ein kleines Schild weist bei der Weiterfahrt Richtung Seinsheim nach rechts zu einem privaten Fahrradmuseum. In einer Scheune sind rund 100 Ausstellungsstücke zu sehen: von der Draisine bis zum Liegerad mit Knielenkung.

SEINSHEIM Hinter dem Ortsausgang weist ein Schild Richtung Seinsheim nach rechts. Wir müssen über eine kleine Anhöhe. Die Berge zur Linken markieren den Südrand der Hellmitzheimer Bucht. Hier beginnt mit dem Kapellenberg das Weinparadies Franken, das sich von hier aus weiter nach Süden erstreckt. Oberhalb der Rebstöcke steht die Weinparadiesscheune, weiter westlich die Ruine der spätgotischen Kunigundenkapelle. Darüber erstrecken sich Waldgebiete des Naturparks Steigerwald. Wir erreichen Seinsheim an seinem großzügig angelegten Landschaftssee. Hier kann man rasten, baden, spielen. Von der Schwarzenbergstraße haben wir am Rathausplatz einen guten Zugang zur Kirchenburg. Dabei kommen wir an der kleinsten Brauerei Unterfrankens vorbei. Sie wurde vor wenigen Jahren in einer der Kirchengaden eröffnet. Freitags wird hier dunkles Bier nach fränkischer Brauart ausgeschenkt. Die zu Beginn des 19. Jahrhunderts neu gebaute klassizistische Kirche mit Neorenaissanceausstattung scheint die Kirchenburg zu sprengen. Innen ist am rechten Seitenaltar das brennende Seinsheim von 1945 dargestellt. An der Hüttenheimer Straße angekommen, geht der Weg links Richtung Tiefenstockheim.

TIEFENSTOCKHEIM Wir wenden uns rechts am Mühlbach entlang. Der Weg führt über eine weitere kleine Anhöhe zur Herrnsheimer Mühle mit Reiterhof. Wenige Meter auf der Landstraße bringen uns über den Herrnsheimer Bach, an dem entlang wir links nach Tiefenstockheim kommen. Hinter dem Rathaus von 1582 mit Fachwerkobergeschoss steht die Kirchenburg auf einem Plateau. Die Barockkirche wurde im 19. Jahrhundert vergrößert. Von der Fassade grüßen die Kirchenpatrone Peter und Paul. Wir fahren links an dem Ensemble vorbei und im Bogen über den Breitbach.

↑ Auf einer Brücke am Wegesrand
↗ Marktplatz mit Rathaus in Iphofen
→ Jüdischer Friedhof bei Hüttenheim

WILLANZHEIM Rechts geht es nun im wunderschönen Breitbachgrund Richtung Willanzheim. Durch das Doppeltor im Rathaus kommen wir in die hufeisenförmig gebaute Befestigung rund um die Martinskirche. In ihrer Apsis sieht man ein großes Fresko ihres Namenspatrons. Jede Kirchenburg ist anders. Wir fahren weiter auf der Hauptstraße Richtung Mainbernheim. Der Kapellenweg führt uns aus dem Ort hinaus vorbei an der Feldkapelle Maria Schmerz.

MAINBERNHEIM Unter der Bahnstrecke hindurch und über den Buschgraben und die Bundesstraße hinweg fahren wir auf den mächtigen Wohnturm des Oberen Tors von Mainbernheim zu. Wer hindurchfährt, sieht Fachwerkhäuser, Renaissancerathaus, Brunnen und Stadtkirche: eine wunderbare fränkische Altstadt auch ohne erkennbare Kirchenburg. Am Kirchplatz gibt es eine sehr günstige städtische Radlerherberge. Unsere Route führt aber am Oberen Tor vorbei und biegt von der Rödelseer Straße nach links Richtung Fröhstockheim.

FRÖHSTOCKHEIM UND RÖDELSEE Über weite Felder kommen wir zum ehemaligen Wasserschloss der Freiherren von Crailsheim. In der Kirche steht das Grabmal des 1596 verstorbenen Ernst von Crailsheim und seiner drei Ehefrauen. Am Rödelbach folgen wir den Schildern nach Rödelsee unterhalb des Schwanbergs. Am Ortseingang weisen zwei Schilder Richtung Iphofen. Wir folgen dem Wegweiser nach rechts. Gleichwohl lohnt der frisch restaurierte Ortskern mit Rathaus. Nach dem Einsturz der Ortskirche wurden 1780 und 1783 gleichnamige und ähnlich aussehende Bartholomäuskirchen von der evangelischen und katholischen Gemeinde gebaut. In dem um 1600 errichteten Schloss Crailsheim präsentiert die Winzergemeinschaft Franken ihre Weingalerie.

IPHOFEN Der Radweg führt uns auf der linken Seite der Staatsstraße nach Iphofen. Durch die Stadtmauer aus dem 13. Jahrhundert führt uns das Rödelseer Tor. Dessen Rückseite bildet ein filigranes Fachwerknetz. Am Marktplatz glänzen die gotische Veitskirche, das barocke Rathaus und der Marienbrunnen. Ein grandioses Panorama. Das Knauf-Museum ist im historischen Rentamt und einem daran angeschlossenen schicken Neubau untergebracht. Es zeigt Gipsrepliken des Altertums: von Mesopotamien über Ägypten, Griechenland, Rom und Altamerika bis nach Indien. Die Bahnhofstraße führt zurück zum Ausgangspunkt.

INFO

TOURENCHARAKTER
Weitgehend asphaltierte Strecke auf sehr unterschiedlichen Wegen und Straßen mit Wechsel zwischen Flachstücken und leichten Anstiegen

AUSGANGS-/ENDPUNKT
Bahnhof Iphofen: Richtung Würzburg ebenerdig, Richtung Nürnberg mit Treppe; Parkplätze vorhanden

GPS-DATEN (STARTPUNKT)
49.696938, 10.255554

ANFAHRT
Der Regionalexpress zwischen Würzburg und Nürnberg hält stündlich in Iphofen.

KARTE
KOMPASS Fahrradkarte 1:70 000, Blatt 3353 Würzburg, Frankenhöhe, Rothenburg

ABKÜRZUNG(EN)
Man kann bereits von Mainbernheim am Sickersbach entlang zurück nach Iphofen, was rund 6 Kilometer kürzer ist.

Mittel | 35 km | 320 Hm | 4.30 Std.

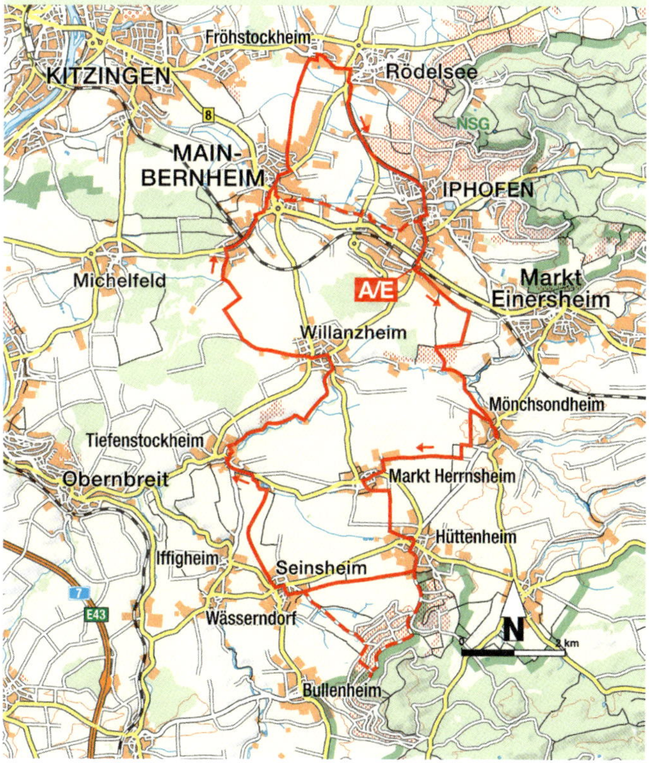

EINKEHR
Brotzeitstube Nierenmühle Mönchsondheim (www.nierenmuehle.de)
Landgasthof May Hüttenheim (www.landgasthofmay.de)
Zum Bären Mainbernheim mit Hofgarten (www.zum-baeren-mainbernheim.de)
Restaurant Löwenhof Rödelsee (www.loewenhof-roedelsee.de)
Cafés, Eiscafés und Restaurants in Iphofen

AM WESTRAND DES STEIGERWALDS

Von Gerolzhofen zu Winzerorten am Main

Vom Westrand des Steigerwalds geht die Tour an Bächen und durch Winzerorte zum Main. Dank zweier kleiner Fähren führt die Route am westlichen Mainufer entlang und streift ein Hundertwasserweingut. Gerolzhofen ist ein vielseitiger Start- und Zielort.

Blick auf Wasserschloss und Dreifaltigkeitskirche von Gaibach

20

Hundertwasserweingut in Untereisenheim

AN WEIDACH UND VOLKACH Vom Bahnhofsvorplatz fahren wir zur Bahnhofstraße, nach links über die stillgelegten Gleise der Unteren Steigerwaldbahn zwischen Kitzingen und Schweinfurt und wieder links in die Nikolaus-Fey-Straße. Wir folgen der Radwegbeschilderung nach Frankenwinheim. An Zuckerrübenfeldern entlang und vorbei an der Dreifaltigkeitskapelle kommen wir in den traditionsreichen Winzerort. Hier überqueren wir die Weidach. Oberhalb der Weinstöcke sehen wir Windräder. So nähern wir uns Krautheim, wo sich im Gegensatz zu den Weindörfern drum herum eine Privatbrauerei mit Ausschank findet. Kurz sind wir auf dem Radweg an der Staatsstraße, wechseln aber noch vor dem Ort wieder auf den Uferweg.

GAIBACH Bei Obervolkach werden wir am Fuß der Ruine Stettenburg um Ort und Mündung des Weidachbachs in die Volkach herumgeführt. Dann geht's doch noch durch den Ort – den Schildern Richtung Gaibach nach. An der Michaelskapelle verlassen wir Obervolkach über die Höhe. In Gaibach wurde das Wasserschloss, in dem heute ein Landschulheim untergebracht ist, von Leonhard Dientzenhofer geschaffen, die Dreifaltigkeitskirche gegenüber nach Plänen von Balthasar Neumann. Die Konstitutionssäule von 1828 in Erinnerung an die bayerische Verfassung von 1818 steht oberhalb des Orts. Wir fahren vor der Kirche und dem Schloss links auf der Schönbornstraße Richtung Fahr. Später verläuft der Radweg parallel zur Straße hinunter zum Main. Zwischendurch sieht man halb links die Wallfahrtskirche Maria im Weingarten bei Volkach an der Mainschleife (Tour 3).

EISENHEIM In Fahr, Heimat von Medienmogul Leo Kirch (1926–2011), setzen wir am nördlichen Ende der Mainschleife mit der kleinen Fähre nach Kaltenhausen über. Dort geht es am Biergarten rechts Richtung Wipfeld. In Untereisenheim bietet sich das Weingut Hirn mit seiner Hundertwasserarchitektur als illustrer Abstecher an. In der Kirche Mariä Himmelfahrt sind weitere Riemenschneiderspuren zu sehen. In Obereisenheim kommen wir wieder näher an den Main.

WIPFELD Am Main entlang passieren wir Schloss Klingenberg und erreichen Wipfeld. Nach der Mündung des Kembachs kann man im Biergarten ZehntGraf direkt am Main pausieren. Links geht es zum Marktplatz. Hier stehen das unter Fürstbischof Julius Echter errichtete Würzburger Amtshaus samt spätgotischem Treppengiebel und ein Rathaus mit Fachwerkgiebel. Die Kirche auf der Anhöhe hat einen Julius-Echter-Turm von 1599. Mit der Fähre setzen wir über den Main.

LINDACH Während wir durch die Wipfelder Mainaue radeln, sehen wir links das Kloster St. Ludwig. Im 19. Jahrhundert war hier ein Schwefelmineralbad, dann bauten Benediktiner die neuromanische Kirche, bevor sie nach Münsterschwarzach zogen. Heute kümmern sich Ordensfrauen traumapädagogisch um junge Frauen. Rechts liegen Spargelfelder und dahinter in einem Kilometer Entfernung das

Tipp

OHNE FÄHREN

Sollten die Fähren nicht fahren, kann man die Tour auf dem offiziellen Mainradweg am östlichen Mainufer entlangradeln.

Militärmuseum Stammheim. Es bezeichnet sich als »größtes Privatmuseum für Militär- und Zeitgeschichte in Deutschland«. Wir kreuzen die Uferstraße und radeln den Berg hinauf Richtung Lindach. Auf halber Höhe an den Weinbergen rechts und dann links vorbei an der Marienkapelle und einem Steinkreuz von 1855. Der Lindacher Land-Erlebnisweg erläutert Rebsorten am Wegesrand. Rechts kommen wir durch den Geiersgraben zum Hofgut Öttershausen. Obwohl der Hof aus dem 16. Jahrhundert verlassen und teilweise zurückgebaut ist, dominiert er die Anhöhe.

ZEILITZHEIM Auf der weitgehend baumfreien Fläche wenden wir uns links und an der zweiten Kreuzung rechts nach Zeilitzheim. An der Sigismundkirche mit der Kirchenburg am Dorfplatz vorbei fahren wir auf das Barockschloss zu. Es wird als Hotel genutzt. Arkadenhof und Schlossgarten haben eine tolle Atmosphäre. Führungen und Weinproben gibt es auf Anfrage. Wir fahren links und überqueren die Volkach. Ein kurzer Anstieg aus dem Tal, schon geht es sanft hinab nach Brünnstadt.

GEROLZHOFEN An der T-Kreuzung geht's für Autofahrer rechts, aber für Radler links nach Gerolzhofen. Nach der ehemaligen Mühle biegen wir rechts auf den Feldweg ab und radeln um die Fischzucht im Großen und Kleinen Hörnausee herum. Am Mühlbach entlang gelangen wir zur Mündung in die Volkach. Die Radbeschilderung führt ins

↓ Marienkapelle bei Lindach
→ Mainfähre in Fahr
↘ Wasserschloss von Gaibach

INFO

Mittel | 44 km | 280 Hm | 5.00 Std.

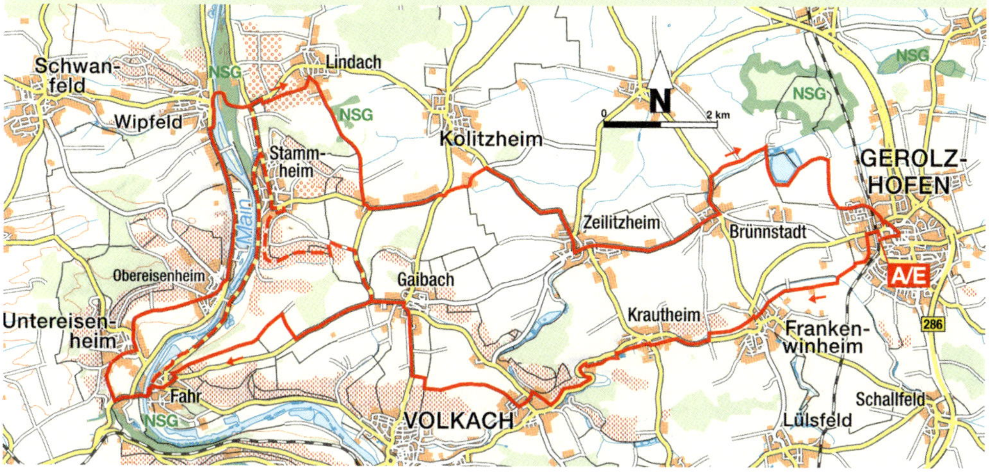

TOURENCHARAKTER

Fast durchgehend asphaltierte Strecke mit etwas Gefälle zwischen Gerolzhofen und Main

AUSGANGS-/ENDPUNKT

(Bus-)Bahnhof Gerolzhofen; mit Parkplätzen

GPS-DATEN (STARTPUNKT)

49.900541, 10.343299

ANFAHRT

Mit dem Bus 8160 von Schweinfurt ist Gerolzhofen in einer halben Stunde zu erreichen – aber definitiv ohne Radtransport. Mit viel Glück wird man mit max. einem Rad in der Buslinie 8135 von Schweinfurt nach Wipfeld mitgenommen und kann dann dort starten. Einen Radverleih gibt es in Gerolzhofen leider nicht.

KOMBINIERBAR MIT

Tour 3

KARTEN

Teil 1: KOMPASS Fahrradkarte 1:70 000, Blatt 3328 Nürnberg, Bamberg, Steigerwald;
Teil 2: KOMPASS Fahrradkarte 1:70 000, Blatt 3351 Aschaffenburg, Würzburg, Spessart, Maindreieck

ABKÜRZUNG(EN)

Wer hinter Gaibach am Schild zur Konstitutionssäule rechts direkt zum Militärmuseum Stammheim radelt, spart 8 Kilometer.

EINKEHR

Brauschänke Krautheimer Biergarten (www.krautheimer.com)
Biergarten Mainschleife Kaltenhausen
Gasthaus Zur Rose Obereisenheim (www.gasthaus-hotel-zur-rose.de)
Landgasthof Zehntgraf Wipfeld (www.zehntgraf.de)
Anker-Stube Wipfeld (www.ankerstube.net)

Zentrum von Gerolzhofen, das wir am Sandsteinquaderbau der Erlöserkirche von 1922 erreichen. Hier sehen wir schon die beiden Turmspitzen des Steigerwalddoms, der Stadtpfarrkirche Maria vom Rosenkranz mit spätgotischen Engeln aus der Riemenschneiderschule. Noch mehr Riemenschneider findet sich nördlich der Kirche im Museum Johanniskapelle. Gegenüber der Kirche am Marktplatz steht das Alte Rathaus mit gotischen Treppengiebeln. Hier sind die Touristeninformation und das Stadtmuseum mit Nähmaschinen-Dauerausstellung untergebracht. Am anderen Ende des Markplatzes fahren wir zwischen Alter Vogtei und Hexen- oder Eulenturm, einem von 13 Altstadttürmen, zurück zum Bahnhof. Südöstlich liegt außerhalb des Zentrums das Erlebnisbad Geomaris.

Kirche Sankt Josef in Possenfelden

21

IM TAL DER REICHEN EBRACH

Schloss Weißenstein zu Pommersfelden

Ein Glanzstück des fränkischen Barocks ist Schloss Weißenstein zu Pommersfelden. Radler erreichen das architektonische Meisterwerk komfortabel im Tal der Reichen Ebrach. Dort stimmt schon Schlüsselfeld am Start der Tour auf historische Attraktionen ein.

SCHLÜSSELFELD Die Haltestelle Schlüsselfeld Post liegt beim schönen alten Bahnhof. Auf der Bahnstrecke rollen nur noch Güterzüge, für die Anreise bleiben daher nur Auto oder Bus. Im Sommer fährt sonn- und feiertags der Steigerwald-Express, ansonsten gibt es nur eine durchgehende Busverbindung mit Fahrradtransport von Bamberg am frühen Nachmittag. In Schlüsselfeld oder Pommersfelden kann man übernachten. Eine Christophorusfigur und ein Nischenaltärchen schmücken das Haus gegenüber der Haltestelle. Die Altstadt begrüßt uns mit einem Rundturm aus dem 14. Jahrhundert. Fährt man hinein, radelt man auf die spätgotische Kirche Johannes der Täufer zu. Der typisch fränkische Marktplatz mit Lindenanlage liegt an der linken Parallelen. Zwischen liebevoll restaurierten Bürgerhäusern steht das Alte Rathaus. Davor erinnert eine Tassenpyramide an die Porzellantradition der Stadt. Am Ende wird der Platz am Neuen Rathaus vom Oberen Tor gekrönt.

STEIGERWALD-ATMOSPHÄRE Zurück an der Bamberger Straße weist das Radwegschild Richtung Pommersfelden die Straße hinab. Nahtlos geht die Stadt in den Ortsteil Thüngfeld über. Straße, Bahn und Autobahn verdrängen den Radweg aus dem Tal. An der Straße nach Eckersbach führt daher die Radbeschilderung links hinauf. Wir queren die Bahnstrecke. Danach geht es auf Betonplatten rechts ab am Reuthgraben in grünes Hügelland. Die wenigen Höhenmeter vermitteln Steigerwald-Atmosphäre. Pittoreske Fischteiche säumen den Weg.
Schon in Possenfelden werden wir zurück ins Tal nach Elsendorf gelotst. Wir folgen auf dieser Route auch der Radrunde Oberfranken und der Fürstbischöflichen Tour mit dem Logo einer stilisierten Mitra. Auf 200 Kilometern will diese Route die Kulturschätze der 800 Jahre währenden fürstbischöflichen Herrschaft in und um Bamberg verbinden.

ELSENDORF In Elsendorf queren wir Straße, Bahn und die Reiche Ebrach, deren Lauf wir bis zur Mündung in die Regnitz folgen. Die kürzere Ebrach fließt schon oberhalb von Schlüsselfeld in die Reiche Ebrach, die nordwestlich auf dem Katzenberg entspringt. Mittlere und Rauhe Ebrach liegen noch weiter nördlich (Tour 22). Hinter der Kirche liegt, etwas zurückversetzt und durch ein im gleichen Stil bemaltes Gebäude verdeckt, das ehemalige Schloss. Links an der Ecke zur Braugasse kann man sich bereits im Landgasthof Sternbräu niederlassen, in dem aber seit ein paar Jahren nicht mehr gebraut wird. Zu dem schönen Gebäude mit Zierfachwerk aus dem 18. Jahrhundert gehört auch ein Biergarten. An der nächsten Ecke folgen wir der Dorfstraße nach links.

Schlüsselfeld: Neues Rathaus mit Oberem Tor

Schloss Weißenstein zu Pommersfelden

HAMMERMÜHLE Die zuverlässige Beschilderung streift die Orte Lach und Wachenroth und führt auf der Südseite des nun weiten und flachen Tals gelegentlich an pittoresken Felsenkellern vorbei. Wir passieren die Hammermühle mit kleinem Wehr sowie Horbach und Schirnsdorf. Dabei nähern wir uns wieder etwas der Autobahn. Je weniger Südwestwind, desto weniger Autobahngeräusche bekommt man mit. Ab und zu rollen wir wieder auf Betonplatten. In Limbach geht es am Gasthof Volland, der ebenfalls einen Biergarten hat, zunächst rechts und dann etwas unscheinbar halb rechts auf eine Feldstraße. Nicht intuitiv links der Hauptstraße folgen! Außerhalb des Dorfs sieht man schon links das Schloss von Pommersfelden. Ein Premiumblick.

SCHLOSS WEISSENSTEIN ZU POMMERSFELDEN Der Radweg führt geradewegs auf das Schloss und die Schlossmauer zu. Unmittelbar davor weisen leider Radwegschilder nach rechts. Wer nicht einen riesigen Umweg radeln will, muss hier links fahren, fährt am Parkplatz rechts in die Schönbornstraße und ist schon nach wenigen Metern am Schlosstor. Rechts liegen Orangerie- und Fasaneriegebäude von 1719, links das Hauptgebäude. Es gilt als Gründungsbau des fränkischen Barocks und wurde 1711 bis 1718 von Johann Dientzenhofer als Sommerresidenz für Lothar Franz von Schönborn, Bamberger Fürstbischof und Kurfürst von Mainz, erbaut. Bis heute ist es im Familienbesitz. Besichtigungen sind von April bis Oktober möglich. Zu den Attraktionen zählen das Treppenhaus mit Deckenfresko, das Spiegelkabinett, die Schlossbibliothek, die Gemäldegalerie und der als englischer Landschaftspark gestaltete Schlosspark. Steht das Osttor auf, fährt man

Tipp

SPEZIALFÜHRUNGEN

Das Schloss Weißenstein zu Pommersfelden bietet Führungen zu Einzelthemen an: Architektur, Treppenhaus, Gemälde, Blumen, Kapelle und auch eine Führung für Kinder. Dauer 45 bis 90 Minuten.

von der Orangerie geradeaus hindurch und stößt beim Allee-Café an der nächsten Straßenecke wieder auf die Radbeschilderung, der wir Richtung Ellersdorf/Forchheim folgen.

HIRSCHAID Mit zuverlässiger Beschilderung erreichen wir Röbersdorf, wo wir die Reiche Ebrach nach Norden überqueren. In Erlach nehmen wir Richtung Sassanfahrt nicht die Alternativstrecke über Juliushof. So kommen wir nach kurzer Waldwegpassage durch zwei Tunnel unter Bundes- und Staatsstraße hindurch. Jetzt ist der Zielort Hirschaid beschildert. Die Mündung der Reichen Ebrach liegt etwas nördlich. Zwischen den Brücken über die Regnitz und den Main-Donau-Kanal können wir eine Pause im Erlebnisbad FrankenLagune einlegen. Weitere Pausengelegenheit bietet in Hirschaid der Brauerei-Gasthof Kraus mit großem Fass vor der Tür. Geradeaus kommt man zu den Gleisen, an denen links der Bahnhof liegt.

INFO

Leicht | 36 km | 100 Hm | 3.30 Std.

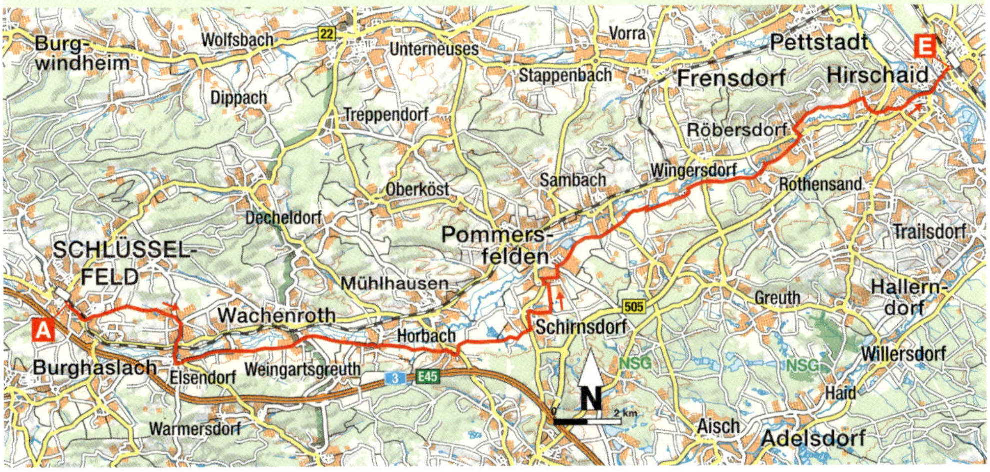

TOURENCHARAKTER

Meist asphaltierte Strecke, kürzere Betonplattenpassagen, sehr flach

AUSGANGSPUNKT

Haltestelle Schlüsselfeld Post; mit Parkplätzen am alten Bahnhof

GPS-DATEN (STARTPUNKT)

49.758388, 10.620395

ENDPUNKT

Bahnhof Hirschaid; ebenerdig

ANFAHRT

Bus 978 von Bamberg-Hauptbahnhof Mo–Fr 13.40 Uhr mit max. zwei Fahrrädern; Mai–Nov. So und Fei: Steigerwald-Express mit Anhänger für Fahrräder von Bamberg oder Hirschaid nach Schlüsselfeld

KARTE

KOMPASS Fahrradkarte 1:70 000 Blatt 3343 Nürnberg und Umgebung

EINKEHR

Landgasthof Sternbräu Elsendorf (www.landgasthof-sternbraeu.de)
Gasthof Volland mit Biergarten in Limbach (www.gasthof-volland.de)
Barock-Lounge auf Schloss Weißenstein zu Pommersfelden
Allee-Café Pommersfelden
Brauerei-Gasthof Kraus Hirschaid (www.brauerei-kraus.de)

MITTLERE UND RAUHE EBRACH

Von Steigerwald-Baumwipfeln zur Regnitz

Der Baumwipfelpfad bei Ebrach ist eine Naturattraktion ersten Ranges. Von dem genialen Startpunkt führen Bahntrassenradwege an der Mittleren und Rauhen Ebrach hinunter zur Regnitz. Highlights an der Strecke sind die traditionsreichen Orte Ebrach und Burgebrach.

22

Kloster Ebrach

BAUMWIPFELPFAD STEIGERWALD An der Bushaltestelle Ebrach haben wir 150 Meter Höhe gegenüber der Regnitz gewonnen. Am Ende des Parkplatzes stehen Fahrradständer samt E-Bike-Ladestation. Rechts geht es in den Wald zum spektakulären Baumwipfelpfad Steigerwald. Auf über einem Kilometer Länge zieht sich ein Steg durch die Höhe des Walds und windet sich als Aussichtsturm mit Premiumrundumblick spiralförmig über die Wipfel. Zurück an den Fahrradständern überqueren wir die Landstraße und rollen unterstützt vom kräftigen Gefälle auf dem Radweg hinunter nach Ebrach.

EBRACH Am Ortseingang führt rechts ein Abzweig zum Naturbad Acqua Sana, einem wunderschön platzierten Freibad. Es liegt an der Mittelebrach oder Mittleren Ebrach, in deren Tal wir vorgestoßen sind. Die Radbeschilderung versucht uns links auf die Bahnhofstraße Richtung Burgebrach zu leiten, denn ein paar Meter oberhalb beginnt der Bahntrassenradweg am alten Bahnhof. Dort lockt ein Gasthof mit Biergarten und einem Speisewagen im Mitropa-Stil.
Zur größten Attraktion von Ebrach aber stoßen wir vor, wenn wir auf der Hauptstraße in den Ort weiterrollen. Eine ehemalige Klosteranlage bildet das Zentrum. Die Gründung der Zisterzienser von 1127 prägt die Ortschaft. Das schlossartige Klostergebäude mit Kaisersaal entstand im Barock und öffnet sich nach Westen. Fährt man dort an den prächtigen Anlagen des unteren Abteigartens vorbei, befindet man sich auf der Anstaltsstraße, die um die Ecke auf den Eingang der Justizvollzugsanstalt zuführt. Sie nutzt einen Teil der Klosteranlage. An der Hauptstraße sieht man die riesige Rosette in der Westfassade der ehemaligen Klosterkirche (13. Jh.). Die Basilika mit der sich im Norden anschließenden älteren Michaelskapelle gilt als eines der großartigsten Werke frühgotischer Baukunst. Der Innenraum ist frühklassizistisch überformt. Die vor allem nachmittags von innen farbenprächtig strahlende Rosette wurde um 1285 mit Anklängen an die Kirche Notre-Dame in Paris gefertigt.

BURGWINDHEIM Nach dem Bamberger Tor und der Durchquerung des Harbachtals wechseln wir am kleinen Parkplatz links auf den Bahntrassenradweg, der vom Bahnhof auf der alten Zugstrecke im Bogen hierhin geführt wird. In Burgwindheim laden kurz nach der Friedhofskapelle Fahrradständer und eine Schutzhütte zur Pause. Am Ende des Friedhofs steht die Heilig-Blut-Kapelle (16. Jh.). Sie geht zurück auf ein wundersames Ereignis beim Fronleichnamsfest 1465. Der Zulauf der Pilger verstärkte sich noch, als 1625 in der Nähe eine Quelle entsprang. Über dem Heiligblutbrunnen wurde ein paar Meter westlich das von Leonhard Dientzenhofer entworfene barocke Brunnenhaus errichtet. Am anderen Ufer der Mittelebrach steht ein Barockschloss, das als Amtshof des Zisterzienserklosters von Ebrach diente.

ÜBERQUERUNG DER MITTLEREN EBRACH Wir radeln weiter vom Gefälle und dem meist vorherrschenden Westwind unterstützt auf der ehemaligen Bahntrasse parallel zu Straße und Fluss in Richtung Burgebrach. Am Ende von Wolfsbach sehen wir auf der

Tipp

KLOSTER-GEFÄNGNIS

Bei Führungen durch die JVA in den Gebäuden von Kloster Ebrach bekommt man das barocke Treppenhaus sowie den Kaisersaal zu sehen und erhält auch Einblicke in den Gefängnisalltag. April bis Oktober täglich 13.45 Uhr. 2 Euro.

Das Alte Rathaus von 1720 mit Oberem Tor in Burgebrach

anderen Straßenseite ein imposantes Gebäude aus der Gründerzeit, früher Sitz einer Schreinerei. Kurz nach Überquerung des Wolfsbachs endet vorerst die Bahntrasse. Während die Bundesstraße über die Mittlere Ebrach nach Mönchsambach führt, weist das Radschild auf der kleinen Landstraße nach Manndorf. Dort steht eine kleine Kapelle aus dem 20. Jahrhundert gegenüber eines Gehöfts. In Krumbach wird schließlich auch der Radverkehr über die Mittlere Ebrach nach Dürrhof geführt. Links sieht man dabei Relikte der alten Bahnbrücken. So erreichen wir die Bundesstraße mit einem Radweg auf der rechten Seite. Sobald sich der Radweg sachte von der Straße entfernt, verläuft er wieder auf der ehemaligen Bahntrasse.

BURGEBRACH In Burgebrach kommen wir an eine größere Kreuzung. Die Bahntrasse als Hauptroute unserer Tour führt geradeaus. Die Radrunde Oberfranken und die Fürstbischöfliche Tour zweigen dagegen nach links ab über den Mühlbach zum historischen Ortskern. Dort war das Obere Tor mit Altem Rathaus von 1720 nie von einer Stadtmauer umgeben, da die sumpfige Umgebung feindliche Angriffe behinderte. Links vereint die Kirche St. Vitus gotische und barocke Elemente. Davor steht am Kirchhof eine lebensgroße Ölberggruppe in einem sechseckigen Sandsteingehäuse. Das weiter nordöstlich gelegene Pfarrhaus wurde im Jugendstil mit Renaissanceanklängen erbaut. Jenseits der Ortsmitte kann man nach Überquerung der Mittleren Ebrach rechts abfahren, wo der Fluss bald in die Rauhe Ebrach mündet. An deren Nordufer fährt man auf kleinen Straßen bei etwas lückenhafter Beschilderung mit dem Rad via Grasmannsdorf, Ober- und Unterharnsbach, Abtsdorf sowie Vorra bis Reundorf, wo die Alternativroute endet. Es gibt mehrere Querverbindungen, mit denen man die Strecke variieren kann.

RAUHE EBRACH Die Hauptroute geht am Abzweig in Burgebrach auf der Bahntrasse Richtung Unterneuses/Bamberg weiter. So kommen wir zum ehemaligen Bahnhof mit Fachwerkelementen. Von 1904 bis 2003 fuhren auf der Strecke Züge. Am Ende des Gewerbegebiets wird die Bahntrasse derzeit als Radweg wiederhergestellt. Momentan muss man noch kurz auf den Radweg an der Straße ausweichen. Schon am Ortseingang von Unterneuses geht es zurück auf die Bahntrasse Richtung Pettstadt. Sie endet erst in Frensdorf. Der weitere Abschnitt der Bahnstrecke bis Strullendorf wird von Güterzügen als Teil der Oberen Steigerwaldbahn nach Schlüsselfeld noch genutzt. Am Ende des Bahntrassenradwegs liegt rechts ein Naturbadesee. Wir fahren links, bleiben halb rechts auf der Lindenstraße und erreichen links die Hauptstraße. An der nächsten Kreuzung rechts auf den Marktplatz und die Reundorfer Straße. Dort taucht bald ein neuer Radweg auf.

PETTSTADT Vor der Brücke nach Reundorf über die Rauhe Ebrach, die ihren Namen

INFO

Leicht | 40 km | 40 Hm | 3.30 Std.

TOURENCHARAKTER
Durchgängig asphaltierte Tour, überwiegend auf Bahntrassenradwegen; sehr leicht zu fahren

AUSGANGSPUNKT
Bushaltestelle Ebrach; Waldrandparkplatz Radstein

GPS-DATEN (STARTPUNKT)
49.848389, 10.467886

ENDPUNKT
Bahnhof Strullendorf: Richtung Bamberg ebenerdig; Richtung Erlangen/Nürnberg mit breiter Rampe

ANFAHRT
Bus 991 von Bamberg Mo–Fr 8.40 Uhr mit maximal zwei Fahrrädern; 1.5–1.11. So und Fei: Steigerwald-Express mit Anhängern für Fahrräder von Bamberg oder Hirschaid; von Strullendorf mit der S1 nach Bamberg oder Erlangen/Nürnberg

KOMBINIERBAR MIT
Tour 24

KARTE
KOMPASS Fahrradkarte 1:70 000 Blatt 3328 Nürnberg, Bamberg, Steigerwald

ABKÜRZUNG(EN)
Von Pettstadt kann man die letzten 11 Kilometer mit dem Bus 918 oder 978 nach Bamberg fahren. In den Stadtbussen werden oft auch mehrere Räder mitgenommen.

EINKEHR
Zum Alten Bahnhof Ebrach mit Speisewagen im Mitropa-Stil (www.gaststaette-zum-alten-bahnhof.de)
Restaurant Klosterbräu mit Biergarten Ebrach (www.klosterbraeu.info)
Gasthof Goldener Hirsch (www.goldener-hirsch-burgebrach.de)
Brauerei Gasthof Schwan Burgebrach (www.schwanawirt.de)
Gasthaus Göller mit Terrasse Pettstadt
Gasthaus Nüßlein Strullendorf

vom stärkeren Gefälle im Oberlauf hat, geht's rechts Richtung Pettstadt. Wir kommen zurück an die Bahntrasse, jetzt eben mit Gleisen. Kurz vor Pettstadt überqueren wir die Zugstrecke. Die Radbeschilderung führt uns zwischen dem Rathaus und der sehenswerten Barockkirche hindurch auf die Hauptstraße.

STRULLENDORF In einem Linksbogen der Straße, sieht man rechts über einem Garagentor das Relief des Pettstadter Schmieds, einem 1910 verstorbenen Original. Nach ihm ist die Fähre benannt, auf die wir geradeaus zufahren. Sie kreuzt von März bis Oktober täglich von 9 bis 19 Uhr die Regnitz. Alternativ kann man an der Straße bis Bamberg durchradeln oder den Stadtbus nehmen. Am anderen Ufer folgen wir den Schildern nach Strullendorf unter der Bundesstraße hindurch und über den Main-Donau-Kanal an der Schleuse. Bei den Bahngleisen erreichen wir den Ort und schließlich den Bahnhof.

Schloss Weikersheim:
Renaissancefassade des Südflügels

23

VON WEIKERSHEIM NACH OCHSENFURT

Die Gaubahnroute von der Tauber zum Main

Der Gaubahnradweg schafft eine geniale Verbindung für Radler von der Tauber zum Main. Die alte Bahntrasse führt sanft durch den Ochsenfurter Gau mit seinem Zuckerrübenanbau. Schloss Weikersheim bietet einen grandiosen Start, Ochsenfurt ein furioses Finale.

WEIKERSHEIM Wir fahren auf der Bahnhofstraße zur Friedrichstraße, dort links zum Kreisverkehr und auf der Hauptstraße Richtung Schloss. Dort zweigen wir in den Barockgarten ab. Hier öffnet sich die Anlage vor der Renaissancefassade des Südflügels mit dem Rittersaal (um 1600) zum Taubertal hin. Durch ein schmales Tor gelangen wir in die Altstadt mit dem Marktplatz als Vorhof des Schlosses. Durch das barocke Portal kommen wir zum mittelalterlichen Bergfried der einstigen Wasserburg. Dem Schloss gegenüber steht die schmal aufragende, spätgotische Georgskirche. Außergewöhnlich ist das Kindergrabmal von 1437 unter der Empore links vom Gemeindealtar. Es zeigt den sechsjährigen Enkel der Stifter. Am Tauberländer Dorfmuseum rechts vorbei verlassen wir mit den Radschildern den Marktplatz des hohenlohischen Residenzstädtchens.

RÖTTINGEN Schilder führen über Mühlkanal und Vorbach hinaus schließlich mit dem Radweg Liebliches Taubertal Richtung Schäftersheim. An der Tauber geht es rechts und direkt danach sieht man links die ehemalige Tauberbrücke der Gaubahn. Auf Asphalt können wir, nunmehr in Bayern, das schöne Taubertal genießen. Hinter Tauberrettersheim kommen wir nach Röttingen mit einer fast vollständig erhaltenen Stadtmauer. Über die Tauberbrücke fahren wir zunächst auf den Hohen Bau zu. Der Bruchsteinbau mit Fachwerkobergeschoss ist seit 1440 bewohnt. Am Marktplatz erwarten uns das barocke Rathaus, Fachwerkhäuser und eine Europasonnenuhr. In der Stadt der Sonnenuhren sind 25 verschiedene Exemplare zu sehen. Bei der Fahrt aus der Stadt kommen wir an der Friedhofskapelle St. Georg (16. Jh.) vorbei. Chinesische Schilder weisen auf die Romantische Straße. An der Bahnhofstraße kann man alternativ abzweigen zum offiziellen Startpunkt des Gaubahnradwegs.

Tipp

SCHLOSS WEIKERSHEIM

Neben Standardführungen gibt es viele Sonderführungen durch das Schloss und den Schlossgarten, auch für Kinder. Die Zeit des Barocks wird auf vielfache Weise erlebbar.

BIEBEREHREN Wir bleiben noch auf dem Tauberradweg bis Bieberehren. Am historischen Rathaus mit Fachwerkobergeschoss von 1612 geht es links auf der Hauptstraße über die Gollach und danach rechts die Bahnhofstraße hinauf. Rechts liegt unverkennbar die asphaltierte alte Bahntrasse Richtung Aub/Ochsenfurt. Hier zweigte eine Stichbahn nach Creglingen ab, die ursprünglich bis Rothenburg ob der Tauber fortgesetzt werden sollte. Ganz sanft geht es bergan im Gollachtal auf dem Traumpfad mitten durch die Natur. Alte Bahnrelikte verstärken die Romantik. Auf der anderen Talseite erhebt sich vor Burgerroth die spätromanische Kunigundenkapelle.

Barockrathaus in Röttingen

↑ Das Klingentor in der Westmauer der Altstadt von Ochsenfurt
↗ Schutzengelkirche von Gaukönigshofen
→ Sanft geschwungene Hügellandschaft

BALDERSHEIM Vor Baldersheim sehen wir den Bergfried der Burgruine Reichelsberg, links davon die Stadt Aub, in der das Rathaus, die Mariensäule und das Schloss sehenswert sind. Wir passieren ein Schotterwerk, verlassen das Gollachtal und wenden uns auf dem Höhenzug nach Nordwest, wo wir dem Wind stärker ausgesetzt sind. In Gelchsheim sehen wir rechts durch Bäume hindurch das Schloss. Es wird als Naturheilkundezentrum genutzt, lohnt aber einen Abstecher, so wie das Fachwerkrathaus von 1666 mit Eckerker. Direkt am Radweg liegt das Freibad mit Kiosk. Von den Rübenäckern ringsum wurde die Ernte früher mit der Gaubahn zur Zuckerfabrik nach Ochsenfurt befördert. Jetzt gleiten wir hier durch die Landschaft. In Sonderhofen liegt rechts ein schön angelegtes Eventdorf an einem See mit Café: der Brückenbaron.

GAUKÖNIGSHOFEN Auf der langen Abfahrt zum Main kommen wir am Ortseingang von Gaukönigshofen ins idyllische Thierbachtal. Rechts geht es zum nahe gelegenen Streichelgehege Arche Noah mit Imbiss und Blick über den Ort. Links liegt der Mühlbachweiher mit Grillplatz. Unten an der Hauptstraße kann man den Berg hinauf zur Schutzengelkirche von 1724/30, dem Dom vom Gau, gehen. Ein sensationelles Barockinterieur mit Engeln und Heiligen erwartet die Besucher: der Himmel auf Erden. Über der Fassade strahlt die vergoldete Sandsteinstatue eines Schutzengels mit Kind über dem Ochsenfurter Gau.

OCHSENFURT In Acholshausen warten links ein Abenteuerspielplatz und rechts eine Wassertretanlage. In Tückelhausen kommen wir im engen Tal an der Mönchsmühle vorbei, kurz darauf an der Fuchsenmühle. Die Ingenieursleistung beim Bau der Eisenbahntrasse wirkt beeindruckend. Schließlich endet der Gaubahnradweg an der Südtangente, wo wir rechts die vielen Türme von Ochsenfurt sehen. Unter der Straße gelangen wir zur Altstadt. Durch das Klingentor führt die Hauptstraße an einer Fachwerkfront entlang und rechts am Neuen Rathaus vorbei durch das Obere Tor zum Bahnhof. Mit Umstieg in Lauda und Würzburg ist man in 100 Minuten wieder in Weikersheim. Jenseits des Bahnhofs erstreckt sich am Mainufer die Zuckerfabrik, für die die Gaubahn einst Lebensader war.

INFO

TOURENCHARAKTER

Asphaltierte Strecke vom Tauber- zum Maintal mit allem Komfort eines Bahnradwegs

AUSGANGSPUNKT

Bahnhof Weikersheim; ebenerdig, kostenlose Parkplätze am Nordrand der Altstadt

GPS-DATEN (STARTPUNKT)

49.478655, 9.905293

ENDPUNKT

Bahnhof Ochsenfurt; mit Treppen

ANFAHRT

Weikersheim ist mit der Taubertalbahn im Stundentakt von Aschaffenburg/Wertheim bzw. Crailsheim zu erreichen; Ochsenfurt wird von der Mainfrankenbahn im Stundentakt zwischen Würzburg und Ansbach/Treuchtlingen angefahren, sowie von der Regionalbahn zwischen Würzburg und Marktbreit.

KOMBINIERBAR MIT

Tour 2 und 13

KARTE

KOMPASS Fahrradkarte 1:70 000 Blatt 3353 Würzburg, Frankenhöhe, Rothenburg

ABKÜRZUNG(EN)

Von Ende Apr.–Anf. Okt. fährt Sa, So und Fei entlang der Tourstrecke ein Bus mit Fahrradbeförderung, der Maintalsprinter. Er hält in Röttingen, Bieberehren, Baldersheim, Gelchsheim, Sonderhofen und Ochsenfurt.

Leicht | 39 km | 120 Hm | 4.00 Std.

EINKEHR

Grüner Hof Weikersheim (www.gruener-hof-weikersheim.de)
Deutschherren Stuben Weikersheim (www.deutschherren-stuben.de)
Röttinger Bürgerstube mit Terrasse (www.roettinger-buergerstube.de)
Brückenbaron Sonderhofen (www.brueckenbaron.com)
Gasthof Zum Gaugrafen mit Biergarten Gaukönigshofen (www.gasthofgaugrafen.de)
Altstadtcafé Ochsenfurt

IM SÜDWESTEN VON BAMBERG

An der Aurach rund um die Altenburg

Die Rundtour führt gemütlich am Main-Donau-Kanal entlang und durchs Aurachtal. Über eine kleine Anhöhe im Michelsberger Wald geht's zurück zur Regnitz mit einem Blick auf Klein-Venedig als Teil des UNESCO-Weltkulturerbes der mainfränkischen Metropole.

24

Bamberg: Villa Concordia am Linken Regnitzarm und Dom

Die Altenburg oberhalb von Bamberg

BAMBERG Vom Bahnhofsplatz fahren wir geradeaus Richtung Zentrum mitten durch die alte Gärtnerstadt. Die Grünflächen, die seit Jahrhunderten zum Gemüseanbau genutzt werden, verstecken sich jenseits der Häuserfronten. Auch sie gehören zum UNESCO-Weltkulturerbe von Bamberg. Vor der modernen Luitpoldbrücke, die über den Rechten Regnitzarm bzw. den Main-Donau-Kanal führt, biegen wir links auf den Kunigundendamm ab. Kunigunde gilt als Gründerin des Bistums Bamberg und ist mit ihrem Ehemann, Kaiser Heinrich II., im Bamberger Dom beigesetzt. Am alten Sparkassengebäude rollen wir hinunter zum Uferradweg. Schon haben wir den Stadtverkehr hinter uns gelassen.

AM MAIN-DONAU-KANAL Links ragt der südeuropäisch anmutende Turm der Erlöserkirche (1930 bis 1933) über die Sandsteinmauer. Am anderen Ufer ist das Justizgebäude von 1900 zu sehen. Nach der Marienbrücke erinnert am Ufer auch der Kiosk Kunni mit Biergarten an die Bistumsgründerin. Jetzt trennen sich Kanal und Rechter Regnitzarm. Nach Unterquerung der Bundesstraße geht es rampenartig elf Höhenmeter aufwärts zur Schleuse Bamberg (1964/66). Den nüchternen Betonbau ziert eine Skulptur des Heiligen Christophorus, des Seefahrerpatrons. Auf dem nicht asphaltierten Weg direkt am Ufer können wir die ebene Kanalstrecke genießen. Wer auf Asphalt bleiben möchte, kann die parallele Straße nutzen, die bei der Vereinsgaststätte Kleingartenanlage Sendelbach schon an den Deichdamm herangeführt ist. Auf der anderen Talseite erhebt sich der Bruderwald mit naturnahem Mischwald.

FÄHRE PETTSTADT An der nächsten, grün gestrichenen Brücke fahren wir mit dem Asphaltband nach links, über die Kanalbrücke Richtung Pettstadt und auf der anderen Seite links weiter am Kanal entlang, bis der Weg vom Kanal weg unter dem Eisenbahndamm hindurchgeführt wird. Nach der Unterquerung kommt man rechts zur Fähranlegestelle an der Regnitz. Die Fähre Pettstadt verkehrt von März bis Oktober täglich von 9 bis 19 Uhr, allerdings nicht bei Hochwasser. In größter Not kann man, vielen Fahrradspuren folgend, die Eisenbahnbrücke nutzen, was allerdings verboten ist. An sehr beliebten Radeltagen soll hier schon die Polizei gesichtet worden sein. Alternativ kann man die Regnitz bei Hirschaid überqueren, ein Umweg von zehn Kilometern. Am anderen Regnitzufer radeln wir geradeaus über die Kreuzung und an der Apotheke rechts ab auf der Schulstraße Richtung Höfen.

AURACHTAL Auf einem Radweg queren wir die Rauhe Ebrach und dann eine Kreuzung mit Biergarten. So werden wir durch Neuhaus geführt, wo wir dem Schild Richtung Waizendorf folgen. Das leitet uns zurück an

↑ Bamberg: Altes Rathaus …
↗ … und Klein-Venedig
→ Fähre Pettstadt

die Straße, wo der Radweg wieder einsetzt. Wir sind im Tal der Aurach, dem wir bis Mühlendorf folgen. Rund sieben Kilometer bleiben wir auf dieser Seite der Aurach, auch wenn Schilder immer wieder versuchen, uns auf die andere Seite zu lotsen. Vor Höfen sieht man rechts am Ufer das Schlösschen Seehaus. Es wird Boveri-Schlösschen genannt, weil die Journalistin Margret Antonie Boveri (1900–1975) hier in der Jugend ihre Ferien verbrachte. Immer deutlicher sieht man auf dem höchsten der sieben Bamberger Hügel die Altenburg, die in der Zeit der Romantik wiederaufgebaut und vorübergehend zur Wohnstätte von E.T.A. Hoffmann wurde.

Tipp

KIRCHE STEGAURACH

Die modernen Kirchenfenster des Heilbronner Glaskünstlers Raphael Seitz zeigen Adam und Eva, wie Gott sie schuf. Die Kirche stammt von 1746/47, das Kirchenschiff wurde 1997/99 erneuert.

STEGAURACH Erst an der gelb-weiß gestrichenen Siebenschläferkapelle von 1696, der Sage nach Stiftung eines Fuhrmanns, der im Sumpfe zu versinken drohte, drehen wir nach rechts und überqueren das einzige Mal die Aurach. In der Mitte von Stegaurach steht die Kirche Unbefleckte Empfängnis Mariens mit sehenswerten Fenstern. Schräg hinter der Kirche liegt am Schlossplatz das ehemalige Böttingersche Landhaus mit Freitreppe, 1693 bis 1725 von Barockbaumeister Johann Dientzenhofer erbaut.

GAUSTADT Wenige Kilometer weiter westlich verlassen wir in Mühlendorf am Kellerberg mit seinen Felsenkellern das Aurachtal Richtung Bamberg-Gaustadt. Während wir 60 Höhenmeter gewinnen, sehen wir rechts wieder die Altenburg. Am höchsten Punkt im Michelsberger Wald zweigen wir rechts ab Richtung Bamberg. Vor der nächsten Steigung geht es halb links mit dem Radwegschild am Langbach entlang hinunter nach Gaustadt. Am Sylvanersee gibt es einen Grillplatz. Baden ist verboten. Zwischen Sebastianikapelle und Sankt-Josef-Kirche stoßen wir auf die Gaustadter Hauptstraße, auf der wir kurz rechts und sofort wieder links dem etwas versteckten Radwegschild nach hinunter zum Regnitzufer fahren.

BAMBERG Am Linken Regnitzarm entlang radeln wir vorbei am neobarocken Bau der Chirurgischen Klinik, die heute das Stadtarchiv beheimatet. Die Strecke führt wunderbar nach Bamberg hinein mit fantastischem Blick auf die ehemalige Fischersiedlung Klein-Venedig. Wir erreichen unterhalb des Doms die Altstadt und überqueren die Untere Brücke am Alten Rathaus. Tagsüber ist die Fußgängerzone für Räder gesperrt. Deshalb radeln wir westlich der Altstadt durch die Austraße und ihre Fortsetzungen. Auf der Kettenbrücke, einer Stabbogenbrücke von 2010, kommen wir über den Main-Donau-Kanal wieder zur Gärtnerstadt mit dem Bahnhof.

INFO

TOURENCHARAKTER
Radwege, am Kanal nur zur Hälfte asphaltiert, kleine Straßen und Waldwege; kleine Anhöhe zwischen Aurach- und Regnitztal

AUSGANGS-/ENDPUNKT
Bahnhof Bamberg; vollständig barrierefrei mit Parkplätzen

GPS-DATEN (STARTPUNKT)
49.900492, 10.898731

ANFAHRT
Zugverbindungen in alle Richtungen

KOMBINIERBAR MIT
Tour 10 und 22

KARTE
KOMPASS Fahrradkarte 1:70 000
Blatt 3328 Nürnberg, Bamberg, Steigerwald

EINKEHR
Kiosk Kunni Bamberg
(www.kiosk-kunni.de)
Vereinsgaststätte Kleingartenanlage Sendelbach
(www.kleingartenverein-bamberg.de)
Schrauder Keller Pettstadt

Leicht | 31 km | 120 Hm | 3.00 Std.

Landgasthof Windfelder am See Stegaurach
(www.stegaurach.de/gastronomie)

Gärtnerhüttla mit Biergarten Erba-Insel Bamberg

Blick auf den Chor
der Wallfahrtsbasilika Gößweinstein
von Südosten (Tour 27)

FRÄNKISCHE SCHWEIZ

Panoramarouten rund um das Muggendorfer Gebürg und mitten in sein Herz nach Gößweinstein

Bräustüberl am Hiltpoltsteiner Tor in Gräfenberg

25

AN DER SCHWABACH NACH ERLANGEN

Abfahrt vom Südrand der Fränkischen Schweiz

Der Erlangen-Pegnitztal-Radweg führt bequem vom Südrand der Fränkischen Schweiz an der Schwabach entlang zur Barockstadt Erlangen. Gräfenberg und Erlangen sind am Start und Ziel zwei außerordentlich sehenswürdige Städte.

GRÄFENBERG Wer es weiß, ist im Vorteil: Die Gräfenbergbahn startet am Bahnhof Nürnberg Nordost. Den erreicht man samt Rad vom Nürnberger Hauptbahnhof mit der fahrerlosen U 2 Richtung Ziegelstein/Flughafen. Der Genuss beginnt spätestens mit der Zugfahrt auf der eingleisigen Strecke durch den Süden der Fränkischen Schweiz. Die Endstation liegt am Fuß von Gräfenberg. Der Marktplatz mit dem historischen Rathaus samt Erker liegt 50 Meter höher. Der Aufstieg per pedes oder Pedalen zur mittelalterlichen Altstadt über die Bahnhofstraße und durch das Gesteigertor oder Nürnberger Tor lohnt sich sehr. Schloss, Saalkirche und historische Häuser schaffen eine faszinierende Atmosphäre. Weiter oberhalb liegt das einzigartige Turmuhrenmuseum, das im Sommer sonntagnachmittags geöffnet ist, und das charmante Freibad im Wald.

KALKACH Vom Bahnhof Gräfenberg folgen wir um das Gleisende linksherum dem Kalkachtal auf der westlichen Seite der Bahnstrecke. Radwegschilder weisen nach Igensdorf und Forth auf dem zunächst sehr zuverlässig grün-weiß beschilderten Erlangen-Pegnitztal-Radweg (EP), dem wir im Wesentlichen folgen. Hinter Igensdorf queren wir vor der Grundschule erstmals die Schwabach. In Stöckach werden wir erst um die Anhöhe des Orts herumgeführt. Zuletzt müssen wir doch ein bisschen aufwärts zur spätgotischen Kirche St. Ägidius, der man einen neuromanischen Turmaufbau verpasst hat. Es geht direkt wieder hinunter in die Talebene, wo Hopfenanbau betrieben wird.

MITTELFRANKEN Mit dem Beginn von Mittelfranken verändert sich die Beschilderung. Ein stilisierter Radfahrer führt nun in Frohnhof halb links auf die Hauptstraße nach Eckental-Forth. Der Streckenverlauf ist zum Teil eher an den gegenläufigen Schildern Richtung Gräfenberg zu erkennen. Erneut überqueren wir die Schwabach, die nach Westen gedreht hat. An der modernen Kirche fahren wir rechts. Vor einem verlassenen Haus erinnert ein Denkmal an die frühere jüdische Gemeinde, die phasenweise größer war als die christliche im Ort. Jetzt geht es rechts ab auf die Martin-Luther-Straße mit der Saalkirche St. Anna von 1520. An der Grundschule kann man nach rechts einen Abstecher zum Schloss Büg (18. Jh.) machen. Am Ende geht die Straße in einen Feldweg über.

IM SCHWABACHTAL Wenn der stilisierte Radler am Ortsrand von Brand nach rechts führt, kommen wir wieder auf Asphalt. Im Industriegebiet fällt gegen Ende beim Fiat-Händler die Beschilderung nach links kaum auf. Danach rechts und auf die Hauptstraße wieder links. Im Rechtsbogen streift die Straße den Hauptplatz von Brand mit dem Herrenhaus von 1751. Der quadratische Bau sticht mit den regionaltypischen Sandsteinquadern hervor. Am Ortsausgang beginnen

Typische Sandsteinquader auch in Dormitz

↑ Erlangen: Altstädter Dreifaltigkeitskirche ...
↗ ... und Hugenottenbrunnen im Schlossgarten
→ Im Schwabachtal

Radweg und Beschilderung nach Erlangen. Die führt jedoch am Kreisverkehr geradeaus, während wir dem stilisierten Radler nach rechts folgen. In Kleinsendelbach kehren wir kurz zurück nach Oberfranken mit entsprechender Renaissance der Radbeschilderung. So kommen wir im Bogen durch den Ort nach Westen und an einer Baggerseelandschaft vorbei Richtung Dormitz. Am großen Fachwerkhaus links halten, es sei denn, man will zum Ortskern mit der Kirche. Die wurde um 1400 als Kirchenburg gebaut und bietet gotische Kunstwerke und eine frisch sanierte Stuckdecke. Eine Brücke führt uns über den Brandbach, danach geht es links. In Weiher folgen wir an einem neuen Fußgängerüberweg nicht dem Erlangen-Schild geradeaus, sondern der vermeintlich etwas längeren Strecke links über eine Rampe. Wir sind zurück in Mittelfranken und so taucht der stilisierte Radler als Wegweiser wieder auf.

Tipp

FÜHRUNGEN IN ERLANGEN

Über die Touristinformation kann man Führungen zu Hugenotten, Biergeschichte, jüdischem Leben, Frauen und vielem mehr buchen. Dauer jeweils 90 Minuten.

ERLANGEN Wir überqueren die Schwabach und kommen in ein wunderschönes Waldgebiet, das uns bis an den Stadtrand von Erlangen begleitet. Dabei sollte man sich nicht nach links Richtung Erlangen-Süd leiten lassen. Fast gradlinig gelangen wir auf die Gräfenberger Straße, die nahtlos in die Drausnick- und Luitpoldstraße übergeht. An dieser liegt das Museum Medizintechnik.

Die entgegenkommende Einbahnstraße zwingt uns, nach rechts zu fahren und am Kreisverkehr wieder links in die parallele Universitätsstraße zu wechseln. Über der Straße schwebt ein Paar: das Kunstwerk »Ein Symbol menschlichen Lebens« von Stephan Balkenhol. An klassizistischen und neueren Gebäuden der Uniklinik vorbei geht's geradewegs auf den Bahnhofplatz. Zuletzt sehen wir links die Hugenottenkirche. Die Ansiedlung der französischen Glaubensflüchtlinge am Ende des 17. Jahrhunderts führte südlich der Erlanger Altstadt zum Bau der Neustadt als barocke Planstadt. Die gibt der Stadt ihr einmaliges Flair. Zu den Zeugen jener Epoche zählen das Schloss mit Schlossgarten, Stutterheimsches und Egloffsteinsches Palais sowie Alt- und Neustädter Kirche. Die Schwabach mündet an der Autobahnausfahrt Erlangen-Nord in die Regnitz. Der komplette Rückweg mit Zug und U-Bahn via Nürnberg Nordost dauert rund eine Stunde.

INFO

Leicht	27 km	70 Hm	2.30 Std.

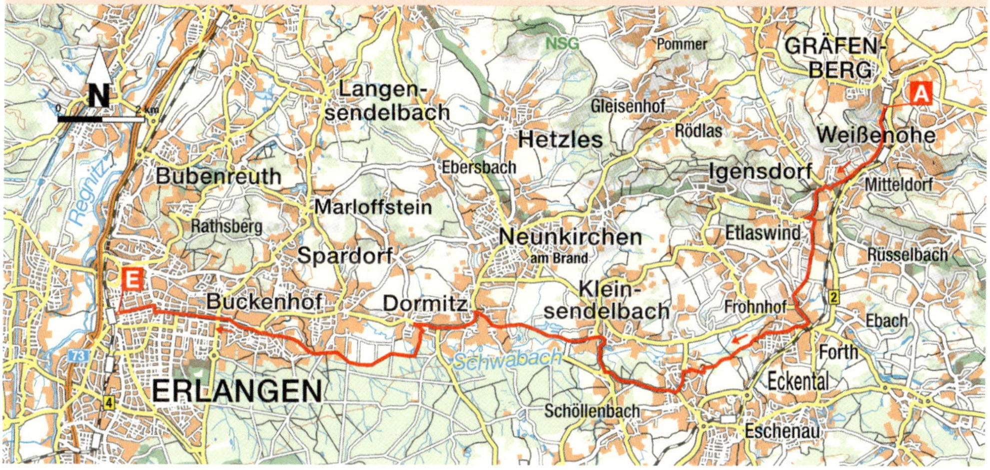

TOURENCHARAKTER
Meist auf asphaltierten Wegen und Straßen, sehr flach, insgesamt leicht abfallend

AUSGANGSPUNKT
Bahnhof Gräfenberg; ebenerdig mit Parkplätzen

GPS-DATEN (STARTPUNKT)
49.641908, 11.250535

ENDPUNKT
Bahnhof Erlangen; barrierefrei

ANFAHRT
Gräfenberg ist stündlich vom Bahnhof Nürnberg Nordost zu erreichen; Erlangen liegt an der Strecke Nürnberg-Bamberg.

KOMBINIERBAR MIT
Tour 26

KARTE
KOMPASS Fahrradkarte 1:70 000, Blatt 3343 Nürnberg und Umgebung

EINKEHR
Gasthaus zum Grünen Baum Dormitz (gasthaus-zum-gruenen-baum.chayns.net)
Pizzeria La Cucina Dormitz
Kitzmann Bräuschänke Erlangen (www.braeuschaenke.de)
Steinbach Bräu Erlangen mit Biergarten (www.steinbach-braeu.de)
Galileo Restaurant & Bar Erlangen (www.galileo-erlangen.de)

VOM MAIN-DONAU-KANAL ZUR WIESENT

Mit Schwung in die Fränkische Schweiz

An den wunderbar flachen Radwegen entlang von Main-Donau-Kanal oder Regnitz und Wiesent geht's von der Barockmetropole Erlangen ins Herz der Fränkischen Schweiz nach Ebermannstadt. Höhepunkt ist die Königsstadt Forchheim mit dem größten Biergarten der Welt.

Nürnberger Tor in Forchheim

26

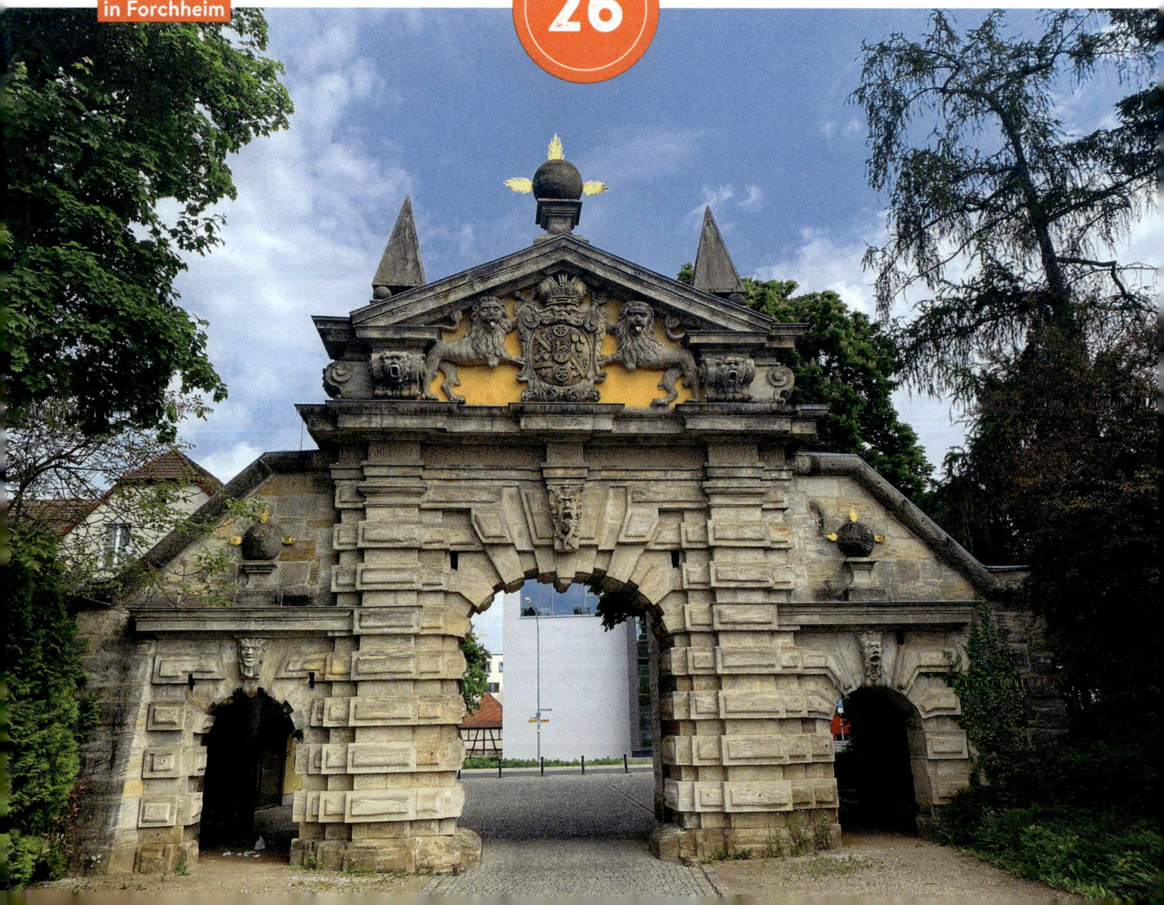

ERLANGEN Wir starten die Tour nicht auf dem Bahnhofplatz der barocken Planstadt mit ihren vielfältigen Highlights (Tour 25), sondern auf der Westseite, wo sich auch Parkplätze befinden. Wir fahren – zunächst ohne Radbeschilderung – rechts parallel zur Bahnstrecke um den Busbahnhof und das Parkhaus herum. Der Radweg führt unter der Autobahn hindurch nach links und auf Brücken über beide Arme der Regnitz. Der Main-Donau-Kanal verläuft jenseits davon parallel zum Fluss. An beiden Wasserläufen kann man Rad fahren, zum Teil sogar auf beiden Seiten. Ich habe verschiedene Varianten getestet und empfehle den Radweg am Kanal. Der ist am leichtesten zu finden, am angenehmsten zu fahren und strahlt mit seiner Gleichförmigkeit Gelassenheit, Ruhe und eine eigene Ästhetik aus. Die Alternativen, zum Teil auf der Karte markiert, haben ihren eigenen Reiz. Die Beschilderung als Regnitzradweg bezeichnet gleichermaßen die Kanalroute wie auch die sogenannte(n) Talroute(n) und ist daher nicht immer eindeutig.

ALTERLANGEN Nach der zweiten Brücke gabelt sich die Strecke. Wir fahren rechts durch die Wiesen. Der Trubel der Stadt liegt schon hinter uns. Eine weitere Brücke führt uns über einen See hinein nach Alterlangen. Die Radschilder leiten uns zur Dammstraße und links Richtung Forchheim. Hier kann man zunächst auf dem Radweg auf der linken Seite fahren, bevor wir an der nächsten Kreuzung mithilfe der Unterführung auf die rechte Straßenseite wechseln. Wir fahren auf ein Hochhaus mit 27 Etagen zu. Der Lange Johann wurde von 1969 bis 1973 gebaut und gilt als größtes Wohngebäude Bayerns. Wer die westliche Talroute der Regnitz nehmen möchte, fährt hinter dem Hochhaus rechts Richtung Möhrendorf. Wir wechseln an der Ampel zurück auf die linke Straßenseite. Dort zweigen wir halb links auf den Membacher Weg ab und folgen dem Radweg Rund um Erlangen 2 zum Kanal. Am Brückenansatz halten wir uns noch mal halb links, um auf dieser Uferseite nach rechts Richtung Forchheim zu radeln.

Tipp

TALROUTE AM FLUSS

Die Vorteile der Talroute an der Regnitz gegenüber dem Kanal: mehr Abwechslung, mehr Asphalt, weniger Wind. Beide Routen sind etwa zwölf Kilometer lang.

MAIN-DONAU-KANAL Das Kanalufer ist hier nicht asphaltiert, aber sehr gut zu beradeln. An einer Wasserverbindung zwischen Main und Donau – und damit zwischen

Marienkapelle in Ebermannstadt

Rhein und Schwarzem Meer – wurde schon zu Zeiten von Karl dem Großen gearbeitet. Der Abschnitt zwischen Erlangen und Forchheim entstand Ende der 1960er-Jahre. Die lange Zeit umstrittene Fertigstellung der Gesamtverbindung dauerte bis 1992. Für die Güterschifffahrt hat der Kanal nicht die erwartete Bedeutung erlangt, aber Radler und Flusskreuzfahrten nutzen ihn Jahr für Jahr intensiver. An der nächsten Brücke macht der Radweg einen Schlenker, um kurz darauf an der Schleuse Erlangen auf das westliche Kanalufer zu wechseln. An den Schleusen verliert der Kanal ein paar Meter Richtung Main. Der Kanal bahnt sich durch Möhrendorf. Er liegt jetzt etwas höher als sein Umland, was die Fahrt durch die Landschaft noch majestätischer erscheinen lässt. Dafür sind wir etwas stärker dem Wind ausgesetzt. Rechts erheben sich die Berge der Fränkischen Schweiz. An der Schleuse Hausen kommt man auf der anderen Kanalseite zu einem Wasserrad am Regnitzufer mit Grillplatz.

FANTASTISCHES FORCHHEIM Wir unterqueren die rote Brücke der Bundesstraße und die grüne Eisenbahnbrücke. Fast unmerklich gesellt sich die Autobahn am anderen Ufer dazu. Unter ihr sehen wir die Mündung eines Regnitzarms, der kurz zuvor das Wasser der Wiesent aufnimmt. Der Hauptfluss der Fränkischen Schweiz ist benannt nach der Bisonart Wisent. Er bestimmt die zweite Tourenhälfte. Wir unterqueren die verblasste lila Brücke, »Milkabrücke« genannt, und nehmen die grüne Brücke über den Fluss und die Autobahn ins Herz von Forchheim. Hinter den Befestigungsanlagen am Saltorturm sto-

Wasserrad an der Regnitz bei Hausen

↑ Spitalkirche St. Katharina in Forchheim
→ Schloss Pretzfeld

ßen wir auf eine Burg des Bamberger Bischofs aus dem späten 14. Jahrhundert. Sie wird auch Kaiserpfalz genannt, obwohl deren genauer Standort unbekannt ist. Die Burg beherbergt das Pfalzmuseum. Es geht grandios weiter mit dem Fachwerkensemble am Rathausplatz. Wir folgen der Hauptstraße halb links zur Kirche St. Katharina. Der 1611 angebaute Fachwerkspitalbau ragt von Stelzen getragen über den Mühlkanal der Wiesent. Es gibt viele weitere historische Bauwerke in der Stadt zu bestaunen. Wir folgen rechts der Wiesent-, dann links der Gebsattelstraße und kommen zur Hauptverkehrsstraße Adenauerallee, auf der wir rechts bis zur Ampel fahren. Der legendäre Forchheimer Kellerwald, der mit 24 Bierkellern der größte Biergarten der Welt sein soll, liegt rund anderthalb Kilometer nordöstlich unserer Strecke, das Königsbad mit Innen- und Außenbecken südlich des Zentrums. Rechts überragt die neuromanische Johanneskirche alles.

WIESENTTAL Wir nehmen die Brücke über die Bahnlinien und folgen der Bayreuther Straße hinaus aus der Stadt in den Stadtteil Reuth. Rund 300 Meter nach dem Ortseingangsschild führt rechts ein Radweg Richtung Ebermannstadt ab. Wir radeln an der Wiesent und bald über sie in die Wiesenweiten des Tals. Rechts erhebt sich ein markanter Tafelberg mit Doppelkuppe, Ehrenbürg oder Walberla genannt. Auf dem gesamten Plateau war einst eine Keltensiedlung von einer Steinmauer umgeben. Wir radeln jetzt auf dem Radweg Fränkische Schweiz (FS), der über Ebermannstadt hinaus bis Bayreuth führt.

KIRCHEHRENBACH An seinem Bahnhof erreichen wir Kirchehrenbach. Auf der Bahnhofstraße werden wir in den Ortskern geführt, wo uns zwei Gasthöfe mit Biergarten erwarten. Etwas erhöht steht die barocke Kirche St. Bartholomäus. Das Untergeschoss des Turms ist spätromanisch. Wir überque-

↑ Marienbrunnen in Ebermannstadt
→ Die sogenannte Kaiserpfalz in Forchheim

ren auf der Hauptstraße den Ehrenbach und werden am Ortsausgang an der Laurentiuskapelle von der Straße wieder in die Wiesen geleitet. Deren Be- und Entwässerung ist auch mithilfe von Wehren bis heute eine aufwendige, gemeinschaftliche Arbeit. Der Weg verläuft auf wechselnden Seiten der eingleisigen Bahnstrecke.

PRETZFELD Über den Trubach kommen wir nach Pretzfeld, das der Radweg nur tangiert. Bevor wir nach links aus dem Ort herausgeführt werden, lohnen geradeaus das in Privatbesitz befindliche Schloss aus der Mitte des 18. Jahrhunderts und die Rokokokirche St. Kilian einen Abstecher. Zwischen beiden dominierenden Gebäuden befanden sich Synagoge, Religionsschule und Mikwe (Ritualbad) der jüdischen Gemeinde. Wenn man beim Grundstück Schloßberg 5 um Erlaubnis fragt, kann man dort zwischen Vorder- und Hinterhaus die neuerdings durch ein Gitter abgesicherte Mikwe besichtigen. Sie stammt aus dem 14. Jahrhundert und gilt als älteste in Franken.

SCHEUNENVIERTEL Hinter Pretzfeld radeln wir über das Bahngleis. Dem eigenen Rad tut es gut, sich dabei an die vorgeschriebene Höchstgeschwindigkeit von 10 km/h zu halten. Am Ortseingang von Ebermannstadt mäandert ein Nebenarm der Wiesent durch die Wiesen. Nach der Brücke über einen der Flussarme, die Ebermannstadt zu einer Insel machen, kommen wir ins untere Scheunenviertel. Eine Phalanx von Scheunen, die sorgsam restauriert sind und immer noch genutzt werden, zieht sich entlang der Straße. Aus Platzgründen und zum Feuerschutz wurden sie außerhalb der Stadt errichtet. Der Wiesent-Garten bietet einen opulenten Biergarten in fantastischer Atmosphäre.

EBERMANNSTADT An der neuromanischen Kirche St. Nikolaus liegen geradeaus die Hauptstraße und der Marktplatz von Ebermannstadt (mehr dazu bei Tour 27). Wir biegen rechts auf die Bahnhofstraße ein, die uns zu dem vielgleisigen Bahnhof führt. Die Regionalbahn von Forchheim hat hier ihre Endstation, aber eine Museumsbahn fährt im Sommer an Sonn- und Feiertagen gemütlich weiter ins Wiesenttal hinein (ebenfalls Tour 27). Wer mit dem Zug von hier zurück nach Erlangen fahren möchte, ist mit Umstieg in Forchheim in einer Dreiviertelstunde dort.

INFO

Leicht | 34 km | 70 Hm | 3.00 Std.

TOURENCHARAKTER
Sehr flache Tour überwiegend auf Rad- und Feldwegen; zwei Drittel der Strecke asphaltiert

AUSGANGSPUNKT
Hauptbahnhof Erlangen; barrierefrei mit Parkplätzen

GPS-DATEN (STARTPUNKT)
49.595956, 11.001128

ENDPUNKT
Bahnhof Ebermannstadt; ebenerdig

ANFAHRT
Erlangen liegt an der Bahnstrecke Nürnberg–Bamberg. Zudem fährt von Ebermannstadt stündlich die Agilis-Regionalbahn nach Forchheim zurück.

KOMBINIERBAR MIT
Tour 25 und 27

KARTE
KOMPASS Fahrradkarte 1:70 000, Blatt 3343 Nürnberg und Umgebung

ABKÜRZUNG(EN)
Durch die zahlreichen Bahnhöfe an der Strecke kann man die Strecke unterteilen, insbesondere in Forchheim.

EINKEHR
Brauerei Neder Forchheim (www.neder-brauerei.de)

Kellerwald Forchheim: größter Biergarten der Welt

Gasthaus Sponsel Kirchehrenbach (www.gasthaus-sponsel.de)

Wiesent-Garten Ebermannstadt (www.wiesent-garten.de)

Die Burg über Gößweinstein

27

IM HERZEN DER FRÄNKISCHEN SCHWEIZ

Gößweinstein und die Dampfeisenbahn

Gößweinstein ist mit Gipfelburg und Wallfahrtsbasilika ein Kleinod im Herzen der Fränkischen Schweiz. Das romantische Wiesenttal führt entlang von Burgruinen bis zum Fuß des Orts. An manchen Sommertagen schnaufen Dampflokomotiven neben dem Radweg im Tal.

DAMPFLOK Der Bahnhof Ebermannstadt ist Endhaltestelle der Regionalbahn von Forchheim. Die Gleise gehen im Wiesenttal weiter bis zur Behringersmühle. Vor der Weltwirtschaftskrise war sogar geplant, die Strecke durch die Fränkische Schweiz hindurch bis Pegnitz zu führen. Der stillgelegte Teil dient nur der Museumsbahn. Am Bahnhof stehen unterschiedliche historische Waggons samt Dampflokomotive herum. An Sonn- und Feiertagen fahren sie sogar und rumpeln auf der Strecke direkt an uns vorbei.

EBERMANNSTADT Wir radeln zunächst auf der Bahnhofstraße über einen Arm der Wiesent nach Ebermannstadt hinein. Die Stadt liegt auf einer lang gestreckten Flussinsel. An der neuromanischen Kirche biegen wir rechts auf die nette Hauptstraße mit kleinen Geschäften, Cafés und Gasthöfen ein. Links führt der Kapellenplatz zum ältesten Bauwerk der Stadt. Die Marienkapelle ist eine Wehrkirche mit spätbarocker Innenausstattung. Die Hauptstraße weitet sich zum Marktplatz mit Marienbrunnen und Ziegenskulpturen. Wir verlassen die Altstadtinsel über den zweiten Arm der Wiesent, die hier ein Wasserrad antreibt. Sofort geht's mit den Radschildern rechts über die wiedervereinigte Wiesent. Der Biergarten Schwanenbräu verbreitet Vorfreude auf selbst gebrautes Bier bei der Rückkehr. Es lebe Franken! Die Brückenunterführung ist von Künstlern grell besprayt worden. Im Weiler Rothenbühl liegt links das Erlebnisfreibad EbserMare.

BURGRUINEN NEIDECK UND STREITBERG Die Radbeschilderung weist zuverlässig Richtung Muggendorf. Die Logos der Radwege Fränkische Schweiz (FS) und Deutsche Burgenstraße sowie der Rundtour Casanovas Ausritt mit ihrem barocken Kopfprofil sind weitere Anzeichen, dass wir auf einer Premiumradstrecke unterwegs sind. Am Ortsausgang von Niederfellendorf liegt mit dem urigen Familienschwimmbad Streitberg ein weiteres Freibad samt idyllischem Badcafé-Biergarten direkt am Weg. Hier ist der ideale Startpunkt für eine Wanderung zur Burgruine Neideck, die wir für einen kurzen Moment rechts über den Waldzipfeln sehen können. Die mittelalterliche Adelsburg ist frei zugänglich und bietet hoch über dem Wiesenttal grandiose Ausblicke. Gut zu sehen ist das Pendant auf der anderen Talseite, die Burgruine Streitberg. Direkt in ihrer Nähe liegt die Binghöhle, eine natürliche Karsthöhle mit bizarren Tropfsteinforma-

Tipp

DAMPFBAHN

Die Dampfbahn Fränkische Schweiz fährt parallel zur Route von Mai bis Oktober an Sonn- und Feiertagen dreimal täglich. Fahrräder werden mitgenommen, soweit Platz ist.

Eisenbahn und Radweg im Wiesenttal

tionen und Jurafossilien. Im Sommer gibt es dort täglich außer montags halbstündige Führungen. Auf dem Radweg verlangt uns die Spitzkehre unterhalb von Burg Neideck im Wald nun ein paar Höhenmeter ab.

MUGGENDORF Zum Luftkurort Muggendorf geht es wieder hinunter. Bevor die Gegend Anfang des 19. Jahrhunderts Fränkische Schweiz getauft wurde, hieß sie Muggendorfer Gebürg. Es gibt im und am Ort zahlreiche Tropfsteinhöhlen, ein Modellbahnmuseum und Gelegenheit zu einer Kanutour auf der Wiesent. Der Radweg Fränkische Schweiz und andere Wege zweigen nach Norden über die Berge ab. Wir bleiben auf der südlichen Talseite und werden nach Unterführungen der Bundesstraße bald rechts von den Gleisen direkt an den Felswänden entlanggeleitet. Das sensationelle Naturerlebnis im Talkessel der Wiesent wird gekrönt, wenn als Kontrapunkt die Bimmelbahn vorbeidampft. Da will man dann doch nicht, dass die Bahnstrecke zu einem Bahntrassenradweg gemacht wird, der die kleinen Steigungen ersparen würde.

GÖSSWEINSTEIN Wir erreichen den Bahnhof Gößweinstein, sind damit aber mitnichten am Ziel. Immerhin lädt die Sachsenmühle mit ihrem Biergarten zur Pause vor dem kräftigen Anstieg. Man kann den Weg zur Burg auch auf Wanderwegen zu Fuß zurücklegen. Die Straße erklimmt auf zwei Kilometern 135 Höhenmeter. Zurück kann man dafür rollen. Nötigenfalls kann man sich auch mit Schieben die Schönheit von Ort und Ausblick erkämpfen. Die mittelalterliche Gipfelburg haben wir schon früh vom Tal aus gesehen. Im Ort erreichen wir zunächst die Wallfahrtsbasilika von Barockbaumeister Balthasar Neumann. Mittelpunkt der Wallfahrt, deren Ursprung im Dunkeln liegt, ist das Bild im Hochaltar von der Krönung Mariens durch

↓ Wallfahrtsbasilika Gößweinstein → Felsen im Wiesenttal
↘ Gößweinstein: Meisterwerk der Altarbaukunst

INFO

Mittel | 34 km | 360 Hm | 4.30 Std.

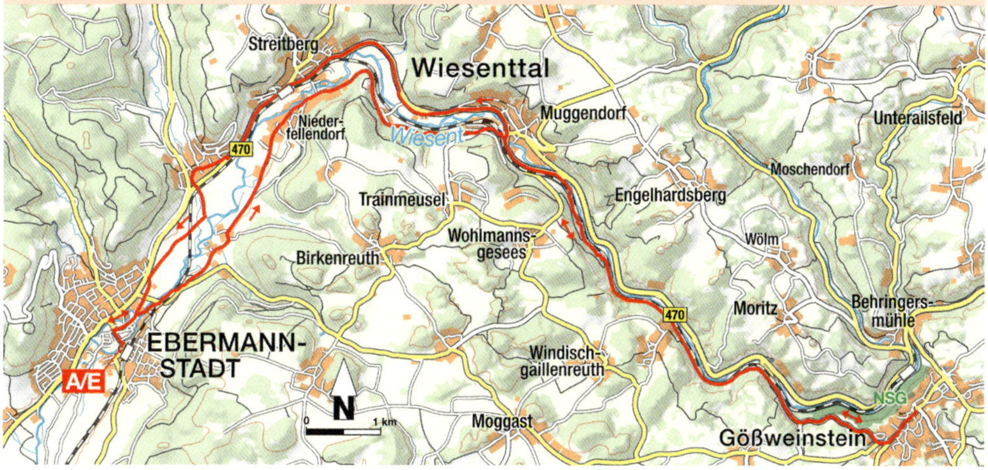

TOURENCHARAKTER

Talroute auf Asphalt und Waldwegen; 2 Kilometer Anstieg zwischen Sachsenmühle und Gößweinstein

AUSGANGS-/ENDPUNKT

Bahnhof Ebermannstadt; barrierefrei mit Parkplätzen

GPS-DATEN (STARTPUNKT)

49.776947, 11.186852

ANFAHRT

Ebermannstadt ist stündlich mit der Agilis-Regionalbahn von Forchheim zu erreichen.

KOMBINIERBAR MIT

Tour 26

KARTE

KOMPASS Fahrradkarte 1:70 000, Blatt 3354 Fränkische Schweiz, Kulmbach, Bayreuth, Amberg

ABKÜRZUNG(EN)

Wer sich den Anstieg von 2 Kilometern nach Gößweinstein nicht zutraut oder sparen möchte, kann an der Sachsenmühle pausieren und wenden oder von dort zur Burg wandern.

EINKEHR

Biergarten-Brauhaus Schwanenbräu in Ebermannstadt (am Marktplatz und an der Mühlenstraße; www.schwanenbraeu.de)
Badcafé-Biergarten Streitberg (www.badcafe-streitberg.de)
Gasthaus Sachsenmühle mit Biergarten (tgl. Ende Apr.–Ende Sept.)
Ristorante Pizzeria Il Sole Gößweinstein
Wirtshaus & Bar Holzwurm unterhalb der Burg Gößweinstein

die Dreifaltigkeit. Das Meisterwerk der Altarbaukunst entstand im Übergang vom Spätbarock zum Rokoko. Das Wallfahrtsmuseum nebenan erklärt mehr. Der Eingang zur Burg liegt samt Biergarten 25 Meter höher. Die Besichtigung ist von Ostern bis Oktober täglich möglich. Daneben gibt es im Ort Minigolf, Kneippbecken oder das Natur- und Höhenschwimmbad mit faszinierendem Ausblick. Ein Eventveranstalter bietet Wurfscheiben-Golf und andere Outdoor-Aktivitäten.

RÜCKFAHRT Zunächst fahren wir auf gleichem Weg mit neuer Perspektive zurück. Ab Muggendorf wechseln wir auf die rechte Wiesentseite und fahren dort auf dem Radweg parallel zur Straße. Der Blick auf Burg Neideck ist grandios und auch Burg Streitberg sieht man so besser. In den Hang gebaute Gründerzeitvillen mit Turm und Fachwerkaufbau stechen hervor. Nach der Durchquerung von Gasseldorf führt der Weg durch Wiesen an der Wiesent zurück nach Ebermannstadt.

DIE WEISMAIN ENTLANG

Von Burgkunstadt ins Frankenjura

Einen ganzen Fluss hinauf und wieder hinab: Die Weismain – nicht zu verwechseln mit dem Mainquellfluss Weißmain im Fichtelgebirge – macht es möglich. Vom Gottesgarten am Obermain radeln wir ins schmale, wunderschöne Tal im Norden der Fränkischen Schweiz.

28

Die Weismain bei der Waßmannsmühle

↑ Weismain: Stadtmauer mit Wehrturm …
↗ … und Stadtkern mit Kirche St. Martin
→ Burgkunstadt: Skulpturenpark in der Oberstadt

ALTENKUNSTADT Von den Bahnsteigen begeben wir uns zur Bahnhofstraße und wenden uns dort nach Süden. Die Straße führt im Bogen zur Weismainer Straße, der wir rechts über die Mainbrücke anderthalb Kilometer Richtung Quelle folgen. Die Mündung der Weismain liegt etwas mainaufwärts, ist aber von der Brücke aus nicht zu sehen. Auch mit dem Rad ist sie nicht leicht anzufahren. Jenseits davon liegt das Zentrum von Altenkunstadt mit der Kirche von 1537 und dem barocken Pfarrhof sowie der Synagoge von 1726. Wir kommen an drei großen Firmen vorbei: dem Baur Versand, der Brauerei Leikeim und dem Plüschtierhersteller NICI. Wir können auf dem Radweg an der linken Seite bleiben, zumal am Ende von NICI am Kreisverkehr der Weismainradweg nach links abführt. Es geht gleich wieder rechts, wo wir erstmals die kleine Weismain überqueren. Wir werden rechts um die Mittelschule und die Kordigasthalle herumgeführt. Kordigast heißt der Doppelgipfel, der sich auf der rechten Talseite erhebt.

WEISMAIN Über die Weismain geht es zurück auf deren Westseite. Der Charme des Tals kann sich nun voll entfalten. Durch Wiesen führt die Route zum Radweg neben der Straße und wieder von ihr fort. Beim Ort Weismain begrüßt uns noch einmal ein Baur-Lager und die offizielle Bezeichnung des Radwegs: Kleinziegenfeldertalradweg. In Kleinziegenfeld entspringt die Weismain. Wenn der Radweg endet, geht es links und die nächste rechts, auch wenn da momentan ein Schild fehlt. Diese Straße führt auf die Altstadt von Weismain zu, mitten durch den Sitz des Sichtbetonspezialisten Dechant. Die traditionsreichen Weismainer Biere der Familie Püls werden an der parallelen Hauptstraße gebraut. Wenn die Straße nach links biegt, fahren wir geradeaus auf das kleine Tor in der Stadtmauer mit Wehrturm zu.

Schammendorfer Mühle

Leider fehlt wieder ein Schild. Das Radwegschild führt links außen an der Mauer entlang und dann rechts auf die lang gestreckte Hauptachse des Orts. Sie ist gesäumt von Rathaus, Fachwerkhäusern und urigen Bauwerken aus verschiedenen Jahrhunderten. Rechts steckt hinter der spätgotischen Kirche St. Martin mit barocker Innenausstattung und neugotischem Langhaus der Kastenhof. Er wurde von 1701 bis 1703 nach Plänen von Leonhard Dientzenhofer gebaut und beherbergt das Nordjura-Museum mit Exponaten zur Landschaft und ihrer Kulturgeschichte.

Tipp

DOWNHILL ONLY

Wer nur hinabrollen möchte, kann sich im Sommer sonn- und feiertags samt Rad mit dem Gottesgarten-Express vom Bahnhof Burgkunstadt zur Quelle und noch höher bringen lassen.

Beim Hotel Alte Post, der ehemaligen Poststation, kann man sowohl am Marktplatz als auch im urigen Gartencafé sitzen. Durch das Obere Tor, dem einzig erhaltenen Stadttor, verlassen wir die famose Altstadt.

ALTE MÜHLEN Am Kreisverkehr werden wir auf den Radweg an der Talstraße geführt. Er bringt uns mit bescheidener Steigung zur Schammendorfer Mühle. Deren romantische, derzeit unbewohnte Anlage kann einen vom Leben am rauschenden Bach träumen lassen, bevor das steile Stück hinauf zur Straße volle Konzentration abverlangt. Der Radweg endet, denn das Tal wird eng und damit noch schöner. Forellenbecken lassen die Wasserqualität erahnen. Die Waßmannsmühle war einst Papier-, dann Getreidemühle. Der Weismain-Taltrichter fasziniert mit seinen Jurafelsen auf beiden Seiten, die immer enger zusammenkommen. Der steilste Teil der Strecke steht an. Die Straße steigt stärker als der Bach und führt zur Weihersmühle wieder leicht abwärts. Das hier seit Jahrhunderten bestehende Schank- und Braurecht wird leider derzeit nicht genutzt. Zwischen Bamberg und Kulmbach war der Ort früher ein wichtiger Haltepunkt. Wenig weiter liegt die Schrepfersmühle mit Kneipe und Biergarten herrlich im Tal. Die ehemalige Papiermühle ist die letzte Raststation vor der Quelle.

WEISMAINQUELLE Rund 300 Meter hinter Kleinziegenfeld-Grund mit der alten Schule und einer neugotischen Kapelle weist das Radwegschild nach halb links. Dort ist auf der rechten Seite bald die von Sandsteinen eingefasste Weismainquelle zu finden. Sie liegt 130 Meter höher als die Mündung. Zum Dorfkern von Kleinziegenfeld mit dem Landgasthof Zöllner muss man weitere 50 Höhenmeter hinauf. Die Abfahrt durch das Frankenjura kann beginnen. Im engen Tal gibt es keine Alternativstrecke hinunter in den Gottesgarten am Main, aber die Sicht ist eine andere auf die Schönheit des Weismaintals.

BURGKUNSTADT Zurück am Main lohnt sich die Fahrt hinauf zum 20 Meter höher gelegenen Marktplatz von Burgkunstadt. Hier finden sich neben einer Kneipe, dem Rathaus und hübschen Fachwerkhäusern die spätbarocke Kirche St. Heinrich und Kunigunde. Das Deutsche Schustermuseum erinnert an die Geschichte des Orts als Zentrum der deutschen Schuhindustrie. Der Sitz der Friedrich-Baur-Stiftung in der alten Vogtei an der Burgmauer ist umgeben von modernen Skulpturen. Mit zwei Kilometern mehr in den Beinen kommt man so zurück zum Bahnhof von Burgkunstadt. Dort kann man im und am Bahnhofstüberl lokales Leikeim-Bier trinken. Oder man relaxt im Freibad Kunomare, das einen Kilometer östlich des Bahnhofs liegt.

INFO

TOURENCHARAKTER
Die untere Hälfte der Strecke verläuft auf dem Radweg, der obere Teil auf der Talstraße; alles fast durchgehend auf asphaltiertem Untergrund.

AUSGANGS-/ENDPUNKT
Bahnhof Burgkunstadt; ebenerdig mit Parkplätzen

GPS-DATEN (STARTPUNKT)
50.137886, 11.243012

ANFAHRT
Burgkunstadt liegt an der Bahnstrecke Bamberg–Bayreuth/Hof mit mindestens stündlichen Verbindungen.

KARTE
KOMPASS Fahrradkarte 1:70 000, Blatt 3354 Fränkische Schweiz, Kulmbach, Bayreuth, Amberg

EINKEHR
Brauereigasthof Obendorfer (www.wirtshausobendorfer.de)
Hotel Alte Post mit Gartencafé Weismain (www.hotel-altepost.de)
Kneipe und Biergarten Schrepfersmühle (www.schrepfersmuehle.de)
Gasthof Zöllner Kleinziegenfeld (www.gasthof-zoellner.de)
Marktplatz-Kneipe Rösla Burgkunstadt (www.roesla.de)
Bahnhofstüberl Burgkunstadt

Mittel	33 km	150 Hm	3.30 Std.

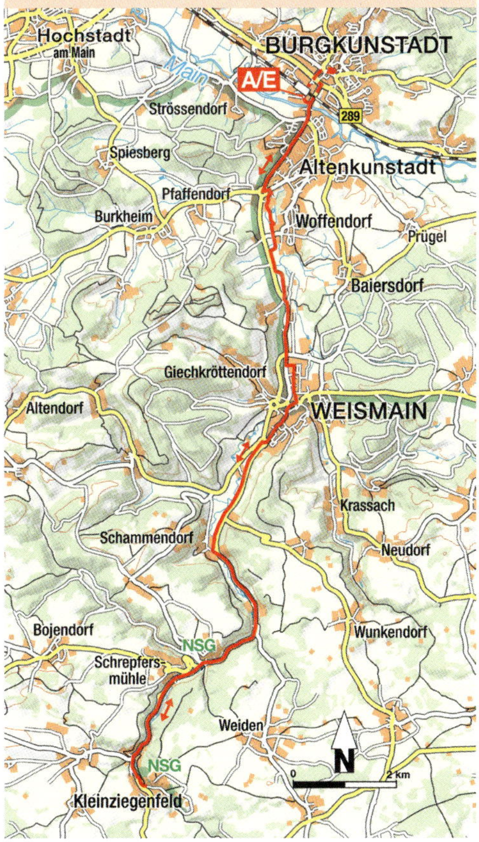

Pegnitzquelle in Pegnitz

29

ZUR ROTMAINQUELLE

Am Ostrand der Fränkischen Schweiz

Von Stadt und Fluss Pegnitz führen wunderbare Wege am östlichen Rand der Fränkischen Schweiz durch Wälder und Wiesen hinauf im Braunen Jura der Fränkischen Alb zur Rotmainquelle. Die Abfahrt wird gekrönt von der Kulturmetropole Bayreuth. Ein Fahrradfestspiel!

PEGNITZ Wer sich Pegnitz und die Pegnitzquelle sparen möchte, fährt vom Bahnhof als Abkürzung links. Andernfalls geht's vom Bahnhof rechts und wieder rechts über die Bahnbrücke. Jenseits des mittelalterlichen Rathauses und der Bartholomäuskirche radeln wir am Schulgebäude rechts in die Raumersgasse. Dort passieren wir den Zusammenfluss der gerade entsprungenen Pegnitz mit der Fichtenohe. Die Pegnitz führt von hier nach Süden, wo sie sich bei Fürth mit der Rednitz zur Regnitz vereint. Der Pegnitz-Radweg, der mit »PE« beschildert ist, geht von hier nach Norden bis Bayreuth weiter. Seine Route verläuft weitgehend östlich von unserer Tour. Am Ende der Straße liegt gegenüber auf der anderen Seite der Bundesstraße die Zaussenmühle von 1450 und dahinter die Pegnitzquelle. Wir fahren rechts auf dem Radweg an der Bundesstraße parallel zur Fichtenohe und vorbei am Schwimmbad CabrioSol. Nachdem die Bundesstraße den Fluss überquert hat, führt der Radweg mit Schildern Richtung Kaltenthal unter der Straße hindurch.

HINAUF ZUR QUELLE Schilder leiten uns durch Buchau und Lehm auf sehr schöner Strecke nach Kaltenthal. Achtung: Schon an der ersten größeren Kreuzung, dem höchsten Punkt im Ort, rechts dem Straßenschild nach Leups folgen. Der Asphalt endet am Ortsausgang. Umso schöner windet sich der Weg durchs Erlbachtal und führt auf der anderen Talseite hinauf in den Wald. Es wird hügelig. Bei der Abfahrt haben wir wieder Asphalt unterm Reifen. Am Ende von Leups geht es rechts Richtung Creußen. Wir überqueren zum letzten Mal die Fichtenohe und bewältigen die nächste Steigung. Der Trost: Das Ziel der Tour liegt 80 Meter tiefer als der Startpunkt. Es ist herrlich ruhig, dazu tolle Waldluft. In Lindenhardt wartet der fränkisch-klassische Brauerei-Gasthof mit Biergarten direkt am Radweg.

Tipp

SCHLOSS SCHREEZ

Am ersten Samstag und Sonntag im Monat gibt es von Mai bis Oktober um 14 Uhr eine Führung durch die Waffenhalle und original eingerichtete Räume. Ohne Voranmeldung.

ROTMAINQUELLE Das Schild Rotmainquelle lässt hoffen. Wir bleiben mit der Verlängerung der Brauhausgasse immer geradeaus auf der Höhe. Die Straße wird zum Waldweg, an dem Windräder auftauchen. Das bedeutet: Wir sind ganz oben. Die Bäume schützen uns weitgehend vor dem Wind. Am vierten Windrad weist das Radwegzeichen nach rechts. Es sind noch 200 Meter zur Rotmainquelle samt Rastplatz auf der rechten Seite. Die Weißmainquelle liegt 35 Kilometer nordöstlich und 300 Meter höher im Fichtelgebirge. Roter Main und Weißer Main vereinigen sich bei Kulmbach zum Main (Tour 30). Eine Deutung besagt, der Rote Main habe seinen Namen von der Verfärbung durch Lehm

Jagdschloss Schreez

nach Regengüssen, während der Weiße Main dank seines Granitbetts klarer sei.

SOPHIENBERG Auf der Schneise geht es zunächst flach weiter mit dem Mainradweg Richtung Bayreuth. Dann verliert die Strecke bis Haag 100 Meter Höhe. Hinter Haag geht es hinab zur Bockmühle am Gosenbach und von dort ein letztes Mal kräftig bergauf auf den Sophienberg. Er ist der Hausberg von Bayreuth. Nach der Autobahnunterquerung führen die Radschilder links ab durch Unternschreez. Im Dorf kommen wir am barocken Jagdschloss Schreez vorbei. Am Schloss geht's links auf die Bayreuther Straße. Die Radwegschilder führen gemächlich hinab zur Stadt. Der Rote Main verläuft weiter östlich. Am Kreisverkehr ohne Radschilder geradeaus. Wir kommen am Campus der Universität vorbei, die 1975 gegründet wurde. Kurz darauf liegt links in Grüntönen die neue Jugendherberge. Hier werden wir durch einen Tunnel unter der Universitätsstraße hindurchgeführt. Direkt danach links halten und auf dem Radweg an der Universitätsstraße weiterfahren. Auf der anderen Straßenseite liegt das riesige Kreuzsteinbad.

BAYREUTH Die Radzeichen führen nun rechts ab und durch die Zeppelin- zur Lisztstraße. Gründerzeitgebäude säumen den Weg. Am Ende der Straße erreichen wir Haus Wahnfried, das ehemalige Wohnhaus Richard Wagners, dem nebenan ein Museum gewidmet ist. Die Wahnfried- führt zur Richard-Wagner-Straße. Links liegt am Neuen Schloss der Hofgarten, in dem Fahrradfahren nicht erlaubt ist. In der weitläufigen Anlage finden sich Wasserspiele, künstliche Ruinen und der prunkvolle Sonnentempel. Das überwältigende Flair von Bayreuth wirkt mitreißend. Wenn wir rechts die Opernstraße

↓ Waldweg bei der Rotmainquelle
→ Bayreuth: Wagner-Wohnhaus ...
↘ ... und Markgräfliches Opernhaus

INFO

TOURENCHARAKTER
Bis zur Rotmainquelle einige Anstiege, zum Teil auf Waldwegen; danach weitgehend abschüssig auf Asphalt

AUSGANGSPUNKT
Bahnhof Pegnitz; mit Treppen und Parkplätzen

GPS-DATEN (STARTPUNKT)
49.758769, 11.548236

ENDPUNKT
Bahnhof Bayreuth; barrierefrei

ANFAHRT
Pegnitz hat gute Zugverbindungen von Nürnberg, Bayreuth und Marktredwitz/Hof; oder über Bayreuth zu weiteren Zielen

KOMBINIERBAR MIT
Tour 30

KARTE
KOMPASS Fahrradkarte 1:70 000, Blatt 3354 Fränkische Schweiz, Kulmbach, Bayreuth, Amberg

ABKÜRZUNG(EN)
Wer am Start nicht zur Pegnitzquelle fährt, verkürzt die Strecke um 1 Kilometer.

EINKEHR
Restaurant Zaussenmühle Pegnitz (www.restaurant-zaussenmuehle.de)
Brauerei-Gasthof Gradl Leups (www.leupser.de)
Brauerei & Landgasthof Kürzdörfer (www.brauerei-kuerzdoerfer.de)
Restaurant, Bar, Biergarten Lamperie (www.lamperie.de)
und viele weitere gastronomische Angebote in Bayreuth

Mittel | 31 km | 290 Hm | 4.00 Std.

nehmen, kommen wir an deren Ende rechts zum Markgräflichen Opernhaus, erbaut 1744 bis 1748. Der barocke Innenraum erzeugt durch illusionistische Effekte ein überwältigendes Raumerlebnis und ist UNESCO-Weltkulturerbe. Das Richard-Wagner-Festspielhaus (1872 bis 1875 erbaut) liegt im Norden der Innenstadt auf dem Grünen Hügel. In der Fußgängerzone finden wir viele Möglichkeiten, uns niederzulassen. Man kann die Fahrt am Roten Main fortsetzen (Tour 30). Der Hauptbahnhof liegt ein paar Meter nördlich der Innenstadt. In einer Viertelstunde ist man mit dem Zug wieder in Pegnitz.

VON BAYREUTH NACH KULMBACH

Am Roten Main zum Mainzusammenfluss

Von der Opernmetropole zur heimlichen Bierhauptstadt: Am Roten Main führt der Radweg meist nah am Fluss entlang, streift Schlösser und Brauereien und nutzt auch eine Bahntrasse. Krönung sind der Mainzusammenfluss und der Mainauensee kurz vor dem Ziel.

30

Blick auf Neudrossenfeld mit Schloss und Terrassengarten

BAYREUTH Wir rollen die Bahnhofstraße hinunter zur Stadt. Am Roten Main kann man die Strecke abkürzen, indem man rechts den Schildern nach Kulmbach folgt. Wir machen geradeaus einen Schlenker durch die Stadtmitte der Kulturmetropole. Am Ende des Luitpoldplatzes fahren wir links und sehen an der nächsten Ecke das Markgräfliche Opernhaus (1744 bis 1748 erbaut). Der von Giuseppe Galli da Bibiena gestaltete barocke Innenraum erzeugt durch illusionistische Effekte ein überwältigendes Raumerlebnis und ist UNESCO-Weltkulturerbe. Wir folgen der Opernstraße hinauf zum Sternplatz. Hier öffnet sich rechts die Haupteinkaufszone mit der Maximilianstraße, durch die wir radeln dürfen. Das Alte Schloss der Markgrafen von Brandenburg-Bayreuth von 1455 wurde nach 1945 wiederaufgebaut. Hier residiert das Finanzamt. Eiscafés und Wirtshäuser laden zur Stärkung ein, eine wunderbare Mischung von Kultur, Geschichte und Stadtleben. Am Ende fahren wir an der Spitalkirche (18. Jh.) rechts vorbei, fahren an der Ampel über den Hohenzollernring und lassen das RotmainCenter links liegen. Vor dem Cineplex kehren wir rechts zurück zum Roten Main und schwenken am diesseitigen Ufer auf den Mainradweg Richtung Mainzusammenfluss ein.

ALTENPLOS Die scheinbare Zielstrebigkeit des hier stark kanalisierten Flusses kann mitreißend wirken. Nach Unterquerung des Nordrings führt uns der Radweg links ab und verläuft nun durch Wiesen. Rechts sehen wir Ausläufer des Fichtelgebirges. Nun werden wir durch die letzten Außenbezirke von Bayreuth und dann um Heinersreuth herumgeleitet, vorbei an dessen historischer Mühle. Die Schilder des Mainradwegs geben jetzt nicht mehr den Mainzusammenfluss, sondern Kulmbach als Ziel an. Wir radeln auf dem Radweg entlang der Bundesstraße. In Unterwaiz muss man seit 2021 nicht mehr die

Riesiges Betonrad bei Altdrossenfeld

Bundesstraße überqueren, sondern kann auf dem neuen Radweg auf der rechten Straßenseite bleiben. So spart man nebenbei ein paar Höhenmeter. Am Landgasthof Moreth in Altenplos geht es nun rechts von der Bundesstraße ab. Eine Tafel erinnert an eine Bahnstrecke durch die Rotmainaue, die »Bockala« genannt wurde. Von ihrer Bahntrasse werden wir später profitieren. An der nächsten Kreuzung sieht man rechts mit großen Fenstern das barocke Schloss Altenplos, das um 1740 auf den Resten einer spätmittelalterlichen Burg errichtet wurde. Bei der Rotmainüberquerung liegt rechts eine weitere alte Mühle.

NEUDROSSENFELD Am Fuße der Hügel geht es am anderen Ufer weiter. Wunderbar schlängelt sich die kleine Straße als Allee dahin. Majestätisch erhebt sich das Schloss Neudrossenfeld mit seinem Terrassengarten über der Strecke. Wir passieren unterhalb das Eishaus der seit 1649 existierenden Brauerei. Der dazugehörige Gasthof Drossenfelder Bräuwerck mit Biergarten befindet sich etwas oberhalb im Ensemble von Schloss, dem einzigartigen Lindenbaummuseum und der Dreifaltigkeitskirche. Die wurde im

↑ Kulmbach: Rathaus
↗ Pechgraben bei Neudrossenfeld
→ Kulmbach: Luitpoltbrunnen auf dem Marktplatz

Markgrafenstil erbaut, einem Kirchbaustil des 18. Jahrhunderts in den protestantischen Gebieten der Markgraftümer Brandenburg-Ansbach und Brandenburg-Bayreuth. Sie gehört zu den schönsten Kirchen der Gegend. Am Fuß des Schlossbergs bietet die ebenfalls geschichtsträchtige Bergmühle mit Flussterrasse eine weitere faszinierende Pausengelegenheit. Und noch ein Highlight: Wir queren am Ortsende den Roten Main auf der fünfbogigen Sandsteinbrücke, die wohl zwischen 1557 und 1603 erbaut wurde. Auch in Altdrossenfeld locken eine Brauerei, eine Brennerei und ein Gasthof.

MAINZUSAMMENFLUSS Es geht nach Überquerung der Bundesstraße eine leichte Anhöhe hinauf und an einem überdimensionalen Fahrrad rechts. Kurz darauf sind wir links unvermittelt auf dem Bahntrassenradweg der »Bockala«. Leider nur kurz, denn sie führt als KU1 in großem Bogen nach Kulmbach, ein Umweg von sieben Kilometern. Der Mainradweg bleibt in Flussnähe und führt durch Langenstadt. Schließlich kommen wir unter der Landstraße hinein nach Melkendorf. Vor dem Feuerwehrgerätehaus werden wir nach links geleitet. Auf der Hauptstraße könnten wir rechts nach Kulmbach, müssten dabei aber mangels Radweg weitgehend auf der viel befahrenen Straße

Tipp

KULMBACHER MAINAUE

Kurz vor dem Ziel wartet in der Mainaue ein Badesee mit kostenlosen Umkleiden und Duschen, Beachvolleyball und Biergarten. Was will man mehr so kurz vor dem Ziel?

fahren. Auf dem Mainradweg radeln wir zum Mainzusammenfluss. Auf einer Brücke überqueren wir dort den Main mit allerbestem Blick auf Roten und Weißen Main neben einer sehr schönen Rastgelegenheit bei Rotmainkilometer 0,0. Jenseits der Brücke rechts. An der T-Kreuzung weisen Radpfeile nach rechts und links. Wir fahren links und kommen so zur Kulmbacher Freizeitoase Mainaue, Kieswäsch genannt.

KULMBACH Die Radschilder nach Kulmbach-Mitte führen in die Biermetropole. Wenn man nicht in die von der Renaissance geprägte Altstadt, zum Rathaus mit Rokokofassade, dem Luitpoldbrunnen im Jugendstil oder gar hinauf zur Plassenburg mit dem Zinnfigurenmuseum will, kann man links auf der Fritz-Hornschuch-Straße zum Bahnhof fahren. Die Rückfahrt nach Bayreuth dauert eine gute halbe Stunde.

INFO

Leicht | 36 km | 100 Hm | 3.30 Std.

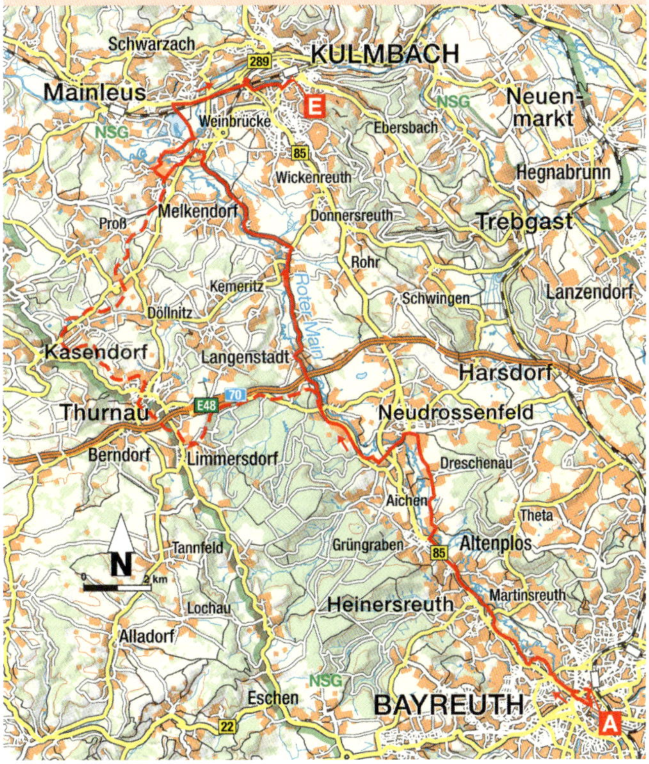

TOURENCHARAKTER
So gut wie komplett asphaltierte Strecke als Radweg und auf kleinen Straßen, sehr flach

AUSGANGSPUNKT
Bayreuth Hauptbahnhof; barrierefrei mit Parkplätzen (9 € pro Tag)

GPS-DATEN (STARTPUNKT)
49.949377, 11.579269

ENDPUNKT
Bahnhof Kulmbach; mit Treppen

ANFAHRT
Bayreuth hat Verbindungen in verschiedene Richtungen; Kulmbach liegt an der Strecke Bamberg-Bayreuth/Hof.

KOMBINIERBAR MIT
Tour 29

KARTE
KOMPASS Fahrradkarte 1:70 000, Blatt 3354 Fränkische Schweiz, Kulmbach, Bayreuth, Amberg

ABKÜRZUNG(EN)
Ohne Fahrt durch die Bayreuther Innenstadt ist die Route 1 Kilometer kürzer

EINKEHR
Landgasthof Moreth mit Biergarten Altenplos
Drossenfelder Bräuwerck Neudrossenfeld (www.braeuwerck.de)
Restaurant Bergmühle Neudrossenfeld (www.bergmühle.de)
Biergarten am See Zur Kieswäsch Kulmbach
Trattoria La Dolce Vita Kulmbach (www.la-dolce-vita-kulmbach.de)
Eis-Café Sanremo Kulmbach (www.sanremo-kulmbach.de)

PS: DA FÄLLT MIR NOCH WAS EIN!

MAINFRANKEN & ICH Meine erste Radelbegeisterung für den Main und Mainfranken entflammte 1983, als ich spontan vom Ruhrgebiet nach Budapest aufbrach. Von Hanau an fuhr ich auf der B 8. Es war halt der kürzeste Weg über Aschaffenburg, Würzburg und Nürnberg. Ich merkte: Spessart, Maindreieck und Steigerwald sind traumhafte Tourbegleiter.

MAIN & WEIN

Jahre später startete ich von Mainz nach Osten und liebte den Main als ideale Piste Richtung Prag. Die Faszination von Main und Wein packte mich. Immer wieder führten mich nun Touren nach Mainfranken. Dann kam Corona. Und die erzwungene Muße gab mir die Chance, viele neue Radwege an den Wasserläufen auf diesem göttlichen Fleckchen Erde zu erkunden.

DANKE AN ALLE

Ich hatte tolle Begleiterinnen und Begleiter auf und an der Strecke: Carla, Susanne & Enno mit Hanna, Johannes, Jonathan, Moritz, Martina & Peter, Heike & Stefan, Heinrich, Vicky und vor allem meine Frau Miri, die auch jenseits der Strecken in der Tiefebene des Schreibens stets eine Quelle der Leichtigkeit und Lebensfreude gewesen ist. Dank auch meinem Kollegen Andreas für einen entscheidenden Tipp zur Kahl-Tour, Wolfgang Kniep für seine Insiderkenntnisse zur Gaubahn und Anatoli Asenov, dem zauberhaften Fahrradmechaniker. Das Team des Bruckmann Verlags hat mich wiederum großartig unterstützt. Meine Fahrradabenteuer in nah und fern kann man auf Chris-on-the-Bike.de verfolgen. Darüber bin ich gut erreichbar.

Viel Spaß beim Radelgenuss!

Herzliche Grüße

Christoph Gocke

Landwehrgraben und Sichelsee
in der Mainaue bei Augsfeld (Tour 4)

Immaculatastatue
vor dem Tuchhaus am Marktplatz
von Volkach (Tour 3)

REGISTER

In gleicher Reihe erschienen ...

ISBN 978-3-7343-1317-2

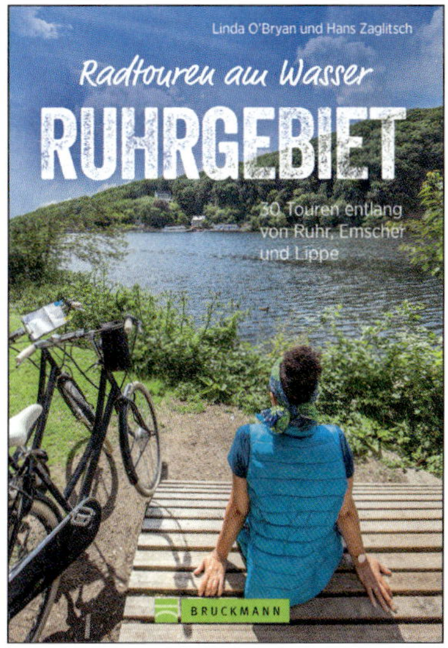

ISBN 978-3-7343-2005-7

ISBN 978-3-7343-1852-8

ISBN 978-3-7343-1851-1

BRUCKMANN

www.bruckmann.de

IMPRESSUM

Verantwortlich: Stefanie Krüger, Cornelius Traub
Redaktion und Lektorat: Susanne Maute, mcp concept GmbH
Layout- und Reihengestaltung: Mathias Frisch
Covergestaltung: Mathias Frisch
Satz: mcp concept GmbH
Repro: LUDWIG:media
Kartografie: Bruckmann Verlag GmbH, Heidi Schmalfuß
Herstellung: Alexander Knoll
Printed in Slovenia by Florjancic

Exklusiv für Sie als Leser:

MIT GPS-DATEN ZUM DOWNLOAD

unter: gps.bruckmann.de

Sind Sie mit diesem Titel zufrieden? Dann würden wir uns über Ihre Weiterempfehlung freuen.
Erzählen Sie es im Freundeskreis, berichten Sie Ihrem Buchhändler, oder bewerten Sie bei Onlinekauf. Und wenn Sie Kritik, Korrekturen, Aktualisierungen haben, freuen wir uns über Ihre Nachricht an Bruckmann Verlag, Postfach 40 02 09, D-80702 München oder per E-Mail an lektorat@verlagshaus.de.

Unser komplettes Programm finden Sie unter www.bruckmann.de

Alle Angaben dieses Werkes wurden vom Autor sorgfältig recherchiert und auf den neuesten Stand gebracht sowie vom Verlag geprüft. Für die Richtigkeit der Angaben kann jedoch keine Haftung übernommen werden, weshalb die Nutzung auf eigene Gefahr erfolgt. Insbesondere bei GPS-Daten können Abweichungen nicht ausgeschlossen werden. Sollte dieses Werk Links auf Webseiten Dritter enthalten, so machen wir uns die Inhalte nicht zu eigen und übernehmen für die Inhalte keine Haftung. In diesem Buch wird aus Gründen der besseren Lesbarkeit das generische Maskulinum verwendet. Weibliche und anderweitige Geschlechteridentitäten werden dabei ausdrücklich mitgemeint, soweit es für die Aussage erforderlich ist.

Empfehlung der Redaktion
Sie sind auf der Suche nach weiterführender Literatur? Dann empfehlen wir Ihnen den Titel »Radtouren am Wasser Rhein-Main« von Christoph Gocke. Oder Sie werfen einen Blick in die Zeitschrift BERGSTEIGER. Hier werden Sie bestimmt fündig.

Bildnachweis: Alle Bilder im Innenteil und auf dem Umschlag stammen vom Autor mit Ausnahme von: S. 7, 10, 30, 31, 32 links und rechts unten: Mirjam Müller; S. 51 rechts unten: Schloßverwaltung Mespelbrunn; S. 86: Dr. Markus Mauritz/Bezirk Unterfranken; S. 130, 132, 135, 136, 139, 140 links, 146, 147, 148 links, 148 rechts oben, 154 und Umschlag-Autorenfoto: Carla Ochsenkühn; S. 140 rechts oben: Elli Eberhardt; S. 150: Gemeinde Neudrossenfeld
Umschlagvorderseite: Gemünden am Main, Blick auf die Altstadt mit Scherenburg (Touren 14 und 15); Foto: Partum Ornamentum
Umschlagrückseite: Mainfähre in Fahr (Tour 20)

Die Deutsche Nationalbibliothek verzeichnet diese Publikation in der Deutschen Nationalbibliografie; detaillierte bibliografische Daten sind im Internet über http://dnb.d-nb.de abrufbar.

© 2022 Bruckmann Verlag GmbH
Infanteriestraße 11a, 80797 München

ISBN 978-3-7343-2447-5